Spirit Filled Catholic B:

TENGAN FE EN DIOS

ESTUDIO DE LA BIBLIA

MARYBETH WUENSCHEL

Translated by Selene Hernandez

Edited by Maria Chladny

Logramos esa victoria por medio de nuestra fe. - 1 Juan 5:4

Spirit Filled Catholic Bible Study Series

Tengan Fe En Dios

Este Estudio de La Biblia viene con acceso complementario a un Curso de Video

https://www.spiritfilledcatholic.com/havefaith

Cada semana viene con un video resumiendo lo aprendido.
Nó se lo pierda!

Síganme en facebook https://www.facebook.com/catholicdevotional

Contáctenme - mbwuenschel@gmail.com

Para suscribirse a mi blog y lista de contactos vaya a https://www.spiritfilledcatholic.com

---

Catechism of Catholic Church	CCC
Bible Readings - New American Bible Revised Edition	NAB
- New Living Translation	NLT

RECONOCIMIENTOS

A Selene Hernandez quién minuciosamente tradujo este Estudio de la Biblia de Ingles a Español.

A Maria Chladny quién editó el Estudio de la Biblia.

Spirit Filled Catholic Bible Study Series

Todos los derechos son reservados. Ninguna parte de esta publicación puede ser reproducida, distribuida o transmitida de cualquier forma o por cualquier medio, incluyendo fotocopias, grabaciones o cualquier otro tipo de método electrónico o mecánico, sin previo permiso escrito de el editor, a no ser en el caso de abreviaciones cortas incluidos en comentarios y ciertos otros usos no-comerciales permitidos por la ley de derechos de el autor.

New American Bible, revised edition   Scripture texts in this work are taken from the New American Bible, revised edition © 2010, 1991, 1986, 1970 Confraternity of Christian Doctrine, Washington, D.C. and are used by permission of the copyright owner. All Rights Reserved. No part of the New American Bible may be reproduced in any form without permission in writing from the copyright owner.

New Living Translation (NLT) Some content taken from the Holy Bible, New Living Translation, copyright © 1996, 2004, 2015. Used by permission of Tyndale House Publishers, Inc., Carol Stream, Illinois 60188. All rights reserved.

All Scripture References are from the Nueva Traducción Viviente or Reina-Valera 1960.

Reina-Valera 1960®
Una marca registrada de Sociedades Bíblicas Unidas, y se puede usar solamente bajo licencia.

Nueva Traducción Viviente
Used by permission of Tyndale House Publishers, Inc., Carol Stream, Illinois 60188. All rights reserved.

CATECHISM OF THE CATHOLIC CHURCH - Latin text copyright (c) Libreria Editrice Vaticana, Citta del Vaticano 1993

Table of Contents

CÓMO HACER ESTE ESTUDIO DE BIBLIA 6

SEMANA DE FE 1   Descripción de la Fe 8

SEMANA DE FE 2   Tu Fe te ha Sanado 18

SEMANA DE FE 3   Fe de la Comunidad 24

SEMANA DE FE 4   Justificación a Través de la Fe 31

SEMANA DE FE 5   Fe Supernatural 48

SEMANA DE FE 6   Pan de Vida 58

SEMANA DE FE 7   Alianza 67

SEMANA DE FE 8   COPA DE SALVACION 77

SEMANA DE FE 9   Fe Heroica 84

SEMANA DE FE 10   Confianza/Humildad 92

SEMANA DE FE 11   Caminando sobre el Agua 98

SEMANA DE FE 12   Padre Abraham 105

SEMANA DE FE 13   Falta de Fe 111

SEMANA DE FE 14   Historia llena de Fe 120

SEMANA DE FE 15   Fe en Jesús 128

CÓMO HACER ESTE ESTUDIO DE BIBLIA

Durante las próximas 15 semanas estudiamos la fé. Vamos a explorar las escrituras juntos con el Espíritu Santo y con la ayuda de cada uno de nosotros, el cuerpo de Cristo. Jesús dice....

"Uno no vive solo de pan,
sino de toda palabra que sale de la boca de Dios." **Mateo 4:4**

Necesitamos alimentar a nuestra alma tan a menudo como alimentamos nuestro cuerpo físico. Nuestras almas tienen hambre, y de hecho, mueren de hambre.
No podemos vivir sin la palabra de Dios. Dios proveyó a los Israelitas maná todos los días en el desierto. Jesús es nuestro maná. Jesús dijo...

"Yo soy el pan de vida; el que viene a mí nunca tendrá hambre
y el que cree en mí nunca tendrá sed." **Juan 6:35**

En el documento Vaticano ll, Dei Verbum cita uno de los mayores estudiosos de la Biblia de la iglesia primitiva, San Jerónimo, el cual hace hincapié en la necesidad de que todos los cristianos se familiaricen íntimamente con la escritura: "La ignorancia de las escrituras es ignorancia sobre Cristo".

Usted está interesado en este estudio de la Biblia porque usted está buscando a Dios. La Biblia dice:

"Buscad primeramente el Reino de Dios y su justicia y todas estas cosas se les dará por añadidura." **Mateo 6:33**. *"Buscad al Señor mientras puede ser hallado."* **Isaías 55:6**
"El que me busca me encuentra cuando él me busca con todo su corazón." **Jeremías 29: 13**

Dios dice otra vez en Hebreos 11:6, que Él recompensa a los que le buscan. Sabe que como usted pasa tiempo leyendo, estudiando y discutiendo la palabra de Dios, usted está eligiendo pasar tiempo con Dios creciendo en sabiduría y fe. Conforme, cómo lo busca a Él en su palabra, Él se revelará a usted. Dios promete mostrar maravillas más allá de lo imaginable (ver Jeremías 33:3).

La Biblia dice que la fé viene por el oír la palabra de Dios (Ver Romanos 10:17). ¿Está listo para aumentar su fé? Su fe crecerá a medida que lea la palabra de Dios diariamente. Así que estemos decididos a leer la Biblia cada día y alimentar nuestro espíritu. Tengamos hambre por la palabra de Dios.

Padre, te pedimos que nos llenes de hambre de Ti y de Tu palabra, AMEN

Para que este estudio de la Biblia sea significativo y efectivo...
¡Necesitamos al Espíritu Santo!

Esta es la parte más importante de estudio de la Biblia de cualquier tipo.

Jesús dijo en Juan 14:26 "El Consolador, el Espíritu Santo, que el Padre enviará en mi nombre, les enseñará todas las cosas y les hará recordar todo lo que les he dicho." (énfasis en mí)

Jesús dijo en Juan 16:13, "pero cuando venga el espíritu, él los guiará a toda la verdad."

El Espíritu Santo abrirá la palabra para nosotros y hará que cobre vida. Él nos dará entendimiento. Rece esta oración a solas, o cada vez que abra la Biblia o cuando decida sentarse a leer o estudiara.

"Ven Espíritu Santo; Te invito a abrir la palabra para mí. , Conduceme, guíame y dame entendimiento. Vengo a tí pidiendote que me des hambre de tu palabra. Lléname Espíritu Santo y hazme rebosar en ríos de agua viva, que pueda salir a un mundo seco y sediento comenzando con mi propia vida y familia."

¿Cómo deberíamos proseguir este estudio de la Biblia?

1. Este Estudio de Biblia no está hecho para hacerse en UNA sola noche. Aunque nos pasa a todos nosotros, trate de hacerlo a diario. Usted y su grupo de discusión adquirirá más de él.

2. Las preguntas son simplemente una guía. Por favor, permitan que sean sólo un comienzo. Este estudio de Biblia es para su crecimiento espiritual y nuestro crecimiento como comunidad. Subraye aquellas preguntas que usted encontró significativas, así usted estará seguro de compartirlas, sobre todo si el tiempo es corto.

3. Siéntase libre de seguir al Espíritu Santo al momento de estar leyendo y respondiendo a las preguntas. Si sigue al Espíritu Santo en lugar de preocuparse por obtener la respuesta correcta, usted realmente irá en un viaje y tendrá algo que compartir. Utilice los márgenes para escribir lo que está aprendiendo o lo que el Espíritu Santo le está revelando a usted al tiempo que lee y comparte.

El estudio de la Biblia es....
* Leer la Palabra de Dios
* Escuchar lo que está diciendo la Palabra de Dios a nosotros, Su pueblo
* Discutir la palabra de Dios
* Comprender la palabra de Dios
* Obedecer o HACER la palabra de Dios

Be doers of the word and not hearers only, deluding yourselves. But the one who peers into the perfect law of freedom and perseveres, and is not a hearer who forgets but a doer who acts, such a one shall be blessed in what he does. **James 1:22, 25**

SEMANA DE FE 1 Descripción de la Fe

Ven Espíritu Santo abre mi corazón para escuchar tu palabra y entenderla. Ayúdame a ser un ejecutor, no sólo un oidor de tu palabra. Te invito Espíritu Santo a que me enseñes. Que tu palabra cobre vida en mí y me enseñe tu misericordia, paz, perdón, curación, alegría, esperanza, amor y fe en ti.

DIA1

LEER Hebreos 11:1-6, y 2 Corintios 4:18

1. Escriba su definición de fé basada en lo que dicen estas escrituras.

2. Según Hebreos 11:3 ¿Cómo fue el universo creado (ordenado)? (Véase también Génesis 1:1-3 y Juan 1:3)

3. ¿Cómo usted fija sus ojos en, o mira, algo que no puede ser visto? Explique cómo es posible esto

4. ¿Qué es lo que Dios quiere que sepamos acerca de Él?

LEER 1 Corintios 12:7-9 _____

LEER Romanos 12:3 _____

LEER Romanos 10:17 _____

La fe es sobrenatural. Significa creer en algo que no puedes ver, sentir, saborear, escuchar u oler. La fe no tiene sentido en el reino material. Puede que no tenga sentido para quienes estén alrededor tuyo y puede ser imposible de explicar. La fe es creer sin prueba. La fe es saber que tienes algo, aunque no puedas verlo. La fe es la prueba o la sustancia de las cosas que se esperan, como dice Hebreos 11:1. Nuestra fe es real. Es una prueba de que Dios es real. La fe es el título de propiedad de la propiedad que sabes que posees, aunque todavía no la tengas en tu poder. La fe es creer que Dios va a hacer lo que dice que hará. PUNTO. La fe es creer en que la palabra de Dios es verdadera y actuar en ella. La fe es creer que Dios dice la verdad. La fe es creer en las promesas de Dios.

La fe es como un regalo de Dios. Dios, a través del Espíritu Santo, ha depositado en nosotros una medida de fe. Necesitamos usarla, ejercitarla y ver que se convierta en un hábito, estándar.

La fe es tanto un don del Espíritu Santo como fruto del Espíritu Santo. A medida que caminamos con el Espíritu Santo, viene la fe. No podemos permanecer en el reino físico y disfrutar del fruto del reino sobrenatural. La fe viene, dice la Biblia, al escuchar la palabra de Dios. Has elegido estudiar la palabra de Dios, así que observa cómo crece tu fe en Él a medida que perseveras en ella. No sigas a los demás; sigue al Espíritu Santo. Permanece centrado en la Biblia. Búscalo en la palabra de Él. Nunca te equivocarás.

DIA 2

LEER Mateo 7: 24-29

1. Describir la diferencia entre el hombre necio y sabio.

LEER Mateo 6:25-34 y Filipenses 4:4-6

2. Escriba esta historia en un diario o colóquela sobre su espejo. ¡Escoja un versículo que quiera memorizar! En un breve párrafo, ¿qué nos enseña este pasaje?

DIA 3

LEER Mateo 15:22-28   La Mujer Cananea

1. ¿Qué aprendemos acerca de Jesús?

2. ¿Qué aprendemos acerca de la mujer Cananea?

3. ¿Por qué responde Jesús como lo hace en el versículo 24 y 26? (Lea a Mateo 10:5-10 y Mateo 28: 19)

4. ¿Por qué crees que se le refiere como la mujer Cananea?

5. En el versículo 28 Jesús describe la fe de ella como "Grande." ¿Qué hizo que su fe fuese grande?

6. ¿Las acciones de esta mujer te sorprendieron? ¿Harías lo que ella hizo? ¿Nos acercamos a Jesús de esta manera? ¿Deberíamos?

DIA 4
LEER   Lucas 18:1-8   La Parábola de la Viuda Insistente

1. ¿Cual es el propósito de este pasaje? (Ver Lucas 18:1)

2. ¿Pedimos en fe o en miedó? ¿Hay alguna diferencia? (Leer Marcos 11:24)

3. ¿Cual fue el resultado para esta mujer?

LEER   Lucas 11:5-13

4. ¿Qué Dios nos promete y por qué?

DIA 5
LEER   Marcos 4:35-41   Los Discípulos en la Tormenta

1. ¿Cómo expresan de los discípulos su falta de fe? Escriba sus palabras aquí.

2. ¿Cómo pudieron ofender a Jesús esas palabras? (Ver 1 Pedro 5:7)

3. ¿Qué Jesús hace/dice al viento y a las olas?

4. ¿Qué era lo que temían al principio y luego al final?

5. ¿Jesús espera mucho de ellos, o de nosotros?

6. ¿Cuáles son algunos vientos y olas que realmente pueden tambalear el mundo de una persona?

LECTURA OPCIONAL otra versión de esta historia Lucas 8:22-25

> Jesús se revela a sí mismo a nosotros en las escrituras y dentro y a través de nuestras circunstancias. Él se reveló a los discípulos en el barco. Entre más Él se revela a sí mismo, más crecemos. Cuanto más crecemos, más Él se revela. Mientras más se revela sobre sí mismo, más crece nuestra fe y empezamos a confiar en él. ¿Está Jesús en tu barco? ¿Vive Jesús en tu casa, en tu matrimonio, en tu lugar de trabajo? ¿Es Jesús Señor de tu hogar, tu matrimonio, tus finanzas, tu salud? ¿Lo has invitado? Si es así, entonces ten por seguro que estás en buenas manos. Jesús está en TU barco. ¿Qué tienes que temer? Tus recursos no escasearán, porque su fuente nunca se seca. No quedarás sin nada.
>
> *"El Señor es mi pastor, nada me faltará, me hará descansar en verdes pastos... Él me lleva junto a aguas tranquilas."* **Salmo 23**
>
> Él no nos conduce por aguas turbulentas; por alguna razón somos nosotros mismos los que vamos por nuestra cuenta. No necesitamos a Dios para ello. Él sin embargo nos llevan a puertos seguros, pastos verdes, aguas tranquilas. De esto podemos estar seguros y Jesús lo hizo claro cuando los discípulos le preguntaron "¿no te importa?" Él se molestó con ellos por creer tal cosa. Por lo tanto, hoy decide creer que nuestro Dios es bueno y quiere cosas buenas para nosotros. Cree que a Él sí le importa

DIA 6

3. Llene los espacios ......

	¿Quién Creyó?	¿En qué creyeron?
Genesis 15:4-6	_____	_____
		_____
Jonas 3:3-5	_____	_____
		_____
Hebreos 11:7	_____	_____
		_____

LEER La Reflección

2. Comente.

Reflexión

El desafío para nosotros como Cristianos es SEGUIR A JESÚS:
* Cuando podemos verlo y cuando no podemos
* Cuando podemos escucharlo y cuando no es así

* Cuando sabemos lo que se aproxima y cuando no
* Cuando sentimos su presencia y cuando no lo percibimos
* Cuando estamos seguros que cuida nuestras espaldas y cuando no sabemos
* Cuando lo sentimos y cuando no es así

El reto para nosotros como Cristianos es seguir a Jesús a las cumbres e incluso a las profundidades cuando tenemos ese deseo y aún cuando no. Fe es confiar que Jesús va a remediar a pesar de que todo por lo que estamos pasando, o viendo es lo contrario. La fe más que creer EN Jesús es creerle. Como Abraham, estamos llamados a creerle, creer SUS palabras, y creer que lo que dice sucederá realmente. La Biblia dice que Abraham creyó en Dios, y fue otorgado a Él como justo. El creía que lo que Dios decía era verdad y bueno y sucedería realmente.

Fe es ser persistente, no darse por vencido aún cuando el reporte del médico es sombrío. Fe es creer no sólo que Dios PUEDE, pero que Dios HARÁ. La mayoría de las personas cree que Dios puede hacer cualquier cosa, que nada es demasiado difícil para Dios. No se requiere de fe para creer que Dios PUEDE. La Fe es necesaria para creer que Dios HARÁ. Nuestro desafío es creer que Dios nos ama y que lo remediara para nosotros sin importar por lo que estamos pasando y sin tener en cuenta lo que diga o crea el mundo.

La Mujer Cananea

Jesús describe a la mujer en esta historia como una mujer de "GRAN FE". ¡Wow si tan sólo Jesús pensaria así de mí! ¿Cómo se gana ella tal alabanza de aquel que es el Único y Solo? ¿Qué hace para ganarse el respeto de nuestro Señor? (Por cierto, Jesús utiliza el término "grande" para describir la fe de una persona solo una que otra vez en Mateo). Ella busca a Jesús por el bien de su hija y no toma un "no" por respuesta! Nosotros nos rendimos tan fácilmente. ¡Y en verdad lo hacemos! Todos nosotros, no sólo tú, yo, pero la mayoría. Escuchamos un mal informe y suspiramos y el miedo entra en nosotros, nos entregamos a lo "inevitable". Pero esta mujer no. Ella sabía a dónde ir y no tenía miedo de ir allí. Mi meta es nunca dar marcha atrás sin importar lo que diga el informe. Mi objetivo es no dejarme vencer y confiar en Dios.

No sólo la mujer de Cananea era persistente, pero también era segura de sí misma. Ella no se dejó llevar por lo que representaba, o por lo que otros pensaran que se merecía, eso no la detuvo de ir por lo que buscaba. Ella sabía que no lo merecía, pero pidió de todos modos. Ella no dejó que su posición "baja" le impidiera recibir lo mejor de Dios.

Es una regla general, para mi, el nunca suspirar y decir "Oh bien, debe ser la voluntad de Dios" cuando oró por mi salud o la de alguien más. Mi trabajo es pedir, seguir pidiendo, confiar y seguir confiando. Cuando oramos para que se realice la voluntad de Dios, en el caso de la salud de alguien, la oración generalmente se detiene en sus propio eje. Es difícil seguir pidiendo cuándo alguien oró "pero Dios, que se haga tu voluntad," porque si seguimos así, podríamos estar orando contra la voluntad de Dios. Pero todos hacemos esto. Cuando decimos "pero que se haga tu voluntad," en referencia a una sanación, generalmente es porque no queremos ser decepcionados, o no queremos que la persona por la que estamos orando se decepcione, o no queremos quedar mal o sentirnos tontos orando por algo que tal vez no suceda. Generalmente, no sabemos porque más orar. Parece adecuado hacerlo así. Cuando no sabes cómo orar, pídele al Espíritu Santo cómo hacerlo correctamente. Nunca El te llevará por mal camino. "No sabemos cómo deberíamos pedir, pero el Espíritu mismo intercede con gemidos inefables." Romanos 8:26

Por supuesto, la voluntad de Dios es importante, y Dios quiere que oremos conforme a Su voluntad porque Su voluntad es perfecta y siempre correcta. Nosotros debemos orar para que la voluntad de Dios se haga cuando buscamos un nuevo coche, o cuando debatimos si quedarnos o mudarnos, tomar un nuevo trabajo, o a dónde enviar a los hijos la Universidad. Él sabe lo que es mejor para nosotros y quiere lo que es mejor. Sin embargo, cuando se trata de sanación yo asumo o elijo creer que ES Su voluntad. Siempre es la voluntad de Dios sanar. Él nunca dijo no. Cuando Jesús caminaba sobre la tierra, sanaba a todos. Él sanó a todos los que vinieron a él. Nunca dijo ninguna vez no, y él no ha cambiado su parecer.

Una noche después del estudio de Biblia, un hombre entró, lo reconocí, trabajaba de medio tiempo cuidando las instalaciones de la iglesia. Llegó pidiendo oración.

Él dijo: "Yo acabo de ser diagnosticado con cáncer en fase 4." Vi el miedo y el dolor en su rostro. Empezamos a rezar por él; había 2 o 3 de nosotros. Recuerdo haber sentido al Espíritu Santo, me hizo sacar de adentro lo que traía. "Mike, creo que era su nombre, Sabías que en los evangelios, nadie nunca se acercó a Jesús pidiendo 'Señor dame la fuerza para pasar por esto.' ¡Nadie! Siempre pedían para la curación". Él no oyó bien lo que mencione; y me dijo "Oh no eso es todo lo que quiero, quiero que Dios me de fuerza." En cuanto dijo eso, colocamos nuestras manos sobre él para orar y le dije, "Bien, ruego que el cáncer fase 4 pase a fase 0 en nombre de Jesús." La siguiente visita al doctor mostró que el cáncer se había reducido a fase 1 sin ningún tipo de tratamiento. Lo vi a el Domingo de Pascua en Misa tan jubiloso como un niño y nos abrazamos. Él sabía que había sido la oración. Él sabía que era Dios!

Incluso si es de Dios la voluntad de estar enfermos y morir, nuestro trabajo es orar, pedir, e interceder a favor de los demás, creer por nuestros amigos enfermos si están demasiado cansados y débiles para creer por ellos mismos. David oraba para que su hijo fuera sanado, para que Dios le repusiera la vida (ver 2 Samuel 12). Dios dio juicio a David por los mismos labios de David. Dios decidió llevarse a su hijo. David oró fervientemente. Él no comía pero pasaba las noches postrado delante de Dios. Fue voluntad de Dios llevarse a al pequeño, pero eso no impidió que David buscará al Señor para rogar por su hijo.

¿Puede un persona salvavidas darse por vencida rescatar a la persona ahogándose o vale la pena dar su esfuerzo? Puede ser la voluntad de Dios de llevarse al nadador, pero no es decisión del salvavidas. Esa es la manera como quiero enfocar la oración.

Estoy retandonos a que oremos como si una vida dependiera de ello, tanto espiritualmente como físicamente. Eso es lo que quiero hacer. Quiero crecer en mi vida de oración. Quiero ser fervoroso en mi oración a Dios. No me refiero a pasar horas arrodillado fervientemente, sino seguir al Espíritu Santo y orar hasta que llega la paz, a veces eso puede significar que le recordemos al Señor aquella persona por la que estamos orando, como Pablo en Romanos 1:9-10. Tengo un largo camino por recorrer, pero la mujer Cananea en este pasaje me anima hacerlo.

Mi reto para usted hoy es invitarlo a arriesgarse, a estar dispuesto al ridículo, a equivocarse. Puede que valga la pena. Nunca se sabe a menos que uno lo intente.

NOTAS

SEMANA DE FE 2   Tu Fe te ha Sanado

Una oración para usted... Sigo pidiendo que el Dios de nuestro Señor Jesucristo, el Padre glorioso, le de el Espíritu de sabiduría y de revelación, para que lo conozca mejor. Pido que los ojos de su corazón puedan ser iluminados para que usted pueda conocer la esperanza a la que él lo ha llamado, las riquezas de su gloriosa herencia en su pueblo santo y su incomparablemente gran poder para nosotros los que creemos...
Efesios 1:17-19

DIA 1

Tome el pasaje mencionado de arriba para orar por usted mismo y/o un ser querido. Rece primeramente colocando su nombre en oración, después rece otra vez mencionando el nombre de su ser querido. Reemplace "su persona" con el nombre de su esposo, hijo, madre, hermana, etc. **Vea el ejemplo de oración a continuación.**

DIA 2   LEER   Marcos 5:21-34   Mujer con una Hemorragia

1. ¿En quién o en que estuvo su fe todos esos años?

2. ¿Qué hizo que ella se acercara a Jesús?

3. ¿Qué sucedió cuando ella volteó hacia Jesús y tocó Su manto? ¿Qué creyó ella que sucedería?

4. ¿Qué significa "Un Poder salió de él?" ¿De dónde o qué era ese poder que surgía de Él? (ver Lucas 5:17, Lucas 6:19, 1 Sam 16:13, Jueces 14:19 y 1 Reyes, 18:46) 18:46)

5. ¿Por qué Jesús dedicó tiempo a esta mujer incluso mientras una niña estaba muriendo y esperándolo? ¿Qué te enseña esto de Jesús?

El pasaje de la mujer con la hemorragia es tan conmovedor porque aprendemos mucho sobre Jesús. Jesús no tiene favoritos. Él no discrimina entre ricos y pobres, gentil o Judío, esclavo o libre, hombre o mujer, ní muestra favoritismo entre los VIEJOS y JÓVENES. Tantas veces descartamos a los ancianos, pero Jesús no lo hace. Él nos ama aún en nuestra vejez. Había una niña muriendo pero aún así Jesús detuvo la procesión para curar a una mujer mayor. Cada uno es importante para Jesús. Él sabe que no porque estás envejeciendo significa que no mereces ser sanado tanto como una niña pequeña. ¡Me encanta esto sobre este pasaje!

Esta mujer perdió todo su dinero y tiempo, (12 años) confiando en los médicos que no pudieron hacer nada por ella. Su fe estaba puesta en los médicos. Obviamente, ella creyó en ellos, al haber gastado todo lo que tenía en ellos. Cuando ella cambió su fe en los médicos hacia Jesús, ella buscó a Jesús y fue a él. Cuando se acercó a Él, Él no le dijo "¿Qué es lo que te tomó tanto tiempo?"

Jesús incluso no la hizo esperar. Él la llamó una mujer de fe. Alabó su fe y le dijo que fue esa misma fe la que la hizo sanar. Él no esperaba que ella le probara su fe; su presente cantidad de fe fue suficiente. Ella tenía fe en él hoy, a él no le importó que en todos sus ayeres no hubiera tenido fé. ¡Ah qué Dios es al que servimos! Él nos acepta hoy, tal y como somos.

DIA 3

LEER Lucas 18:35-43 El Hombre Ciego

1. ¿Come el ciego demuestra su fé? ¿Qué es lo extraordinario sobre él?

2. ¿Qué le pide Jesús al hombre ciego y por qué?

3. ¿Por qué Jesús es referido como el hijo de David? (ver 2 Samuel 7:7, Jeremías 23:5-6 y Mateo 1:1-17)

> EL HOMBRE CIEGO escucha a la gente que pasaba y pregunta a los caminantes que está sucediendo. Le dicen que Jesús se aproxima. Él llama a Jesús, y Jesús detiene todo. ¡Este hombre es atrevido! ¿Te imaginas interrumpir a un obispo ó a el Papa? Jesús es DIOS. Sin embargo, el ciego tiene la osadía de hacer precisamente eso. Jesús le pregunta: "¿Qué es lo que deseas?" y el hombre ciego contesta, "quiero ver."
>
> ¿Es correcto pedir eso? Podemos realmente pedir a Jesús algo tan personal como "Quiero ver" ó "Quiero ser sanado" o debemos orar para otras causas más nobles, como la paz en Israel, la cura para el cáncer, etc. Tal vez el mendigo debió de haber estado más preocupado por otros que por sí mismo. ¡Tal vez él debió pedirle a Jesús algo más importante como la libertad de la ocupación Romana o la cura para la lepra!
>
> En cambio, cuando el ciego obtiene una audiencia con el REY de REYES, le dice "Quiero ver". Él cuenta con la atención entera de Jesús y toma provecho de ello, y Jesús le reconoce la FE, y le sana! El nombre del hombre ciego, (aprendemos más adelante en Marcos, otra versión de la misma historia), es Bartimeo. Bartimeo significa "Hijo de Timeo" ni siquiera era digno de un primer nombre, lo conocían sólo como "hijo de...", pero hoy debido a su audacia y porque JESÚS le otorgó un lugar para él en la historia, él es conocido por toda la eternidad como "BARTIMEO."

DIA 4

LEER   Marcos 5:21-24 y 35-43   La Hija de Jairo

1. ¿Qué dijo Jesús al padre? Vea el versículo 36

2. ¿Qué nos enseña Jesús sobre la fé en El? ¿Cuáles son sus expectativas con respecto a esa fé?

Imagine la sorpresa, la alegría inmensa en la casa de Jairo. Su hija estaba agonizando, murió y ahora ha revivido milagrosamente. Qué sorprendente testimonio justo en frente de ellos, en su propia casa. Imagine lo que se siente ser tan altamente favorecido por Dios, que ÉL visitara su hogar en el momento de su mayor necesidad. Imagine sentirse tan especial. Imagine el alivio y la alegría de ellos al saber que su hija fue restablecida a ellos por la bondad de DIOS, el creador del mundo, el impresionante Dios que por su palabra creó los cielos y la tierra y la asombrosa maravilla de este mismo Dios que piensa y actúa a favor de ellos. ¡Oh, que alegría tan indescriptible!

Dios quiere hacer lo mismo con usted. Quiere derramar su favor, amor y alegría en usted. El quiere desbordarse en usted, llegar a su hogar y hacer obras maravillosas para usted y su familia porque Él lo ama porque usted le pertenece. No importa lo que haya sucedido, no importa qué tan mal este la situación, llame a Él, siga llamándolo, no se rinda. Él tiene mucho más para usted.

Otro punto digno de mencionar: Jesús dio estrictas órdenes que nadie debería de saber lo sucedido (Marcos 5:43). No estaba haciendo esto para Su Gloria o incluso para la Gloria de Su Padre. Él lo hizo por ellos porque los ama.

Juan 5:19-20 Jesús respondió y les dijo:"Amén, Amén, os digo, un hijo no puede hacer nada por su propia cuenta, más sólo lo que vé a su padre hacer; por lo que él hace, su hijo va a hacerlo también. Porque el Padre ama a su hijo y le muestra todo lo que él hace, y le mostrará obras más grandes que estas, para que ustedes sean asombrados".

DIA 5

LEER Juan 5:19-30

1. Subraye la palabra "VIDA" cada vez que aparezca.

RE LEER Juan 5:19-26

2. ¿Qué es lo dice este pasaje acerca de la vida y la muerte?

3. ¿Cómo honramos al Padre?

4. Describa la relación entre el Padre y el Hijo? (Ver Juan 14:9-14)

5. ¿Qué significa "Quien no honra al hijo no honra al padre que lo envió" (véase también Juan 8:42, 1 Juan 2:23, 5:1)

DIA 6
LEER   Hechos 20:7-12 y LEER 1 Reyes 17:17-24
1. Describa lo que sucede en cada uno. ¿Cómo son similares?

LEER   Lucas 7:11-17 y Hechos 9:36-43
2. Describa lo que sucede en cada uno. ¿Cómo son similares?

3. Comente sobre algunas o todas las narraciones anteriores.

NOTAS

SEMANA DE FE 3   Fe de la Comunidad

"Por ello me arrodillo ante el Padre, de quién recibe su nombre toda familia –tanto las que están en el cielo como las que están en la tierra–, y le pido que de sus gloriosas riquezas los fortalezca interiormente por medio de su Espíritu. Pido también que, por medio de la fe, Cristo habite en sus corazones, y que ustedes echen raíces y se cimienten en el amor, para que puedan entender, en compañía de todo el pueblo santo, lo ancho, largo, alto y profundo que es el amor de Cristo. Pido que ustedes experimenten ese amor, que nunca podremos entender del todo. Así estarán completamente llenos de Dios.
EF. 3:14-19 NBV

Me arrodillo ante ti Padre y ruego que me fortalezcas con tu poder mediante el Espíritu Santo. Ruego que Cristo habite en mi corazón y que esté enraizado y cimentado en amor...

DIA 1

LEER   Marcos 2:1-12   "Cuatro Amigos a través del Techo"

1. ¿De quiénes vio la fe Jesús? Describir la fe de ellos

2. ¿Qué dice esto acerca de la comunidad?

3. Hasta dónde llegarás, o que harás tú para llevar alguien a Jesús.

4. ¿Sus pecados lo hicieron un paralítico? Véase Juan 9:1-7

DIA 2

LEER Hechos 2:42-47 y 4:31-37

1. Enliste las cualidades/responsabilidades/prácticas de una comunidad llena de fe. (Ver también Hechos 1:14 y Mateo 28: 19-20)

2. Resuma cómo era la religión en la Iglesia primitiva.

DIA 3

LEER Lucas 4:14-30, ver también (Marcos 6:1-6)

1. ¿Cómo fue Jesús cumpliendo la escritura de Isaías?

2. ¿A cuáles dos profetas hace referencia Jesús? (Véase los versículos 24-27)

3. ¿Por qué Jesús menciona esas dos narraciones? ¿Qué sugiere?

4. ¿Por qué la gente estaba tan enfurecida?

DIA 4

LEER   1 de Reyes 17:7-16 "Elías y la Viuda"

1. Describa lo que sucedió

2. ¿Cómo la viuda muestra su fe?

3. COMENTE.

Recientemente estuve en un avión y hubo un retraso por alguna circunstancia; problema mecánico, clima, conflicto en la tripulación, congestión de tráfico aéreo, sea cual sea el motivo. No importa. Lo único que sabía era que el avión no había despegado a tiempo y seguíamos esperando. Desconocía la razón y no tenía un panorama completo de la situación. En cambio, el controlador de tráfico aéreo de la torre si poseía esa información. Él conoce los patrones de tráfico, las dificultades mecánicas y esta al pendiente de la congestión del tráfico.

Muchas veces tienen que retrasar un vuelo para evitar choques. Y se me ocurrió que esto es algo similar a lo que pasa con Dios. Pedimos cosas y a veces tenemos que esperar. No siempre conocemos la razón; carecemos del escenario completo. Si estamos viviendo en la fe de acuerdo a Su voluntad Él nos guiará. La vida se vuelve confusa, inmanejable, frustrante e incierta en ocasiones. Razones que no entendemos, podemos percibirlas como oportunidades perdidas, situaciones desafortunadas o incluso mala suerte. Pero si estamos siguiendo Su voluntad y caminamos en su luz, estas situaciones podrían ser realmente parte de su plan perfecto para nosotros.

Thomas Merton comenta en su libro "La montaña de siete círculos", que estaba en las manos de Dios. No había nada qué podía hacer sino abandonarme a su misericordia. Pero seguramente, ya para este tiempo, debí de haberme dado cuenta que Él está mucho más ansioso por cuidar de nosotros, y es capaz de hacerlo, aún mejor de lo que nosotros mismos podemos hacerlo. Es sólo cuando negamos Su ayuda, resistimos Su voluntad, que tenemos conflicto, problemas, desorden, desdicha, y ruina".Tenemos que tener fe y confiar en que Él está a cargo y sabe lo que es mejor para nosotros y que Él nos está guiando a una vida mejor.

Escrito por: Kate Johnston

DIA 5

LEER II de Reyes 5:1-14 "Curación de Naamán"

1. ¿En quién tenía fe la esclava?

2. ¿Por qué el Rey de Israel estaba nervioso?

3. ¿Por qué Naamán estaba enojado?

4. ¿Qué sabiduría provenía de los siervos de Naamán?

5. ¿Como esta historia te da esperanza?

DIA 6

LEER Reflexión

1. Comente sobre algo que aprendió o encontró revelador.

Reflexión

El Paralítico "Cuatro Amigos a través del Techo"

Jesús dice "Hijo, tus pecados te son perdonados". Jesús le perdonó sus pecados. Los cuatro amigos trajeron al paralítico a Jesús porque necesitaba sanidad física, sin embargo, Jesús sabía que los pecados de este hombre pesaban más fuertemente sobre él. Jesús sabía que su mayor necesidad y deseo era ser liberado de la carga y la esclavitud del pecado. ¿Ha reconocido la esclavitud del pecado? ¿Ha notado la esclavitud que pone el pecado en usted? Ha notado cómo el pecado consigue apoderarse de usted y le ordena obedecer. Fuimos hechos para amar a Dios y estar con Dios. Fuimos hechos para ser uno con Dios. Cualquier forma de pecado nos separa de Dios. Cuando estamos separados de Dios, nos provoca dolor y pena porque nuestras almas se hicieron para ser uno con Dios. Quizá no nos demos cuenta, pero estamos en la búsqueda de la libertad del pecado. Este paralítico puede no haberse dado cuenta de su mayor necesidad. Jesús lo hizo. Alabado sea Dios, Jesús vino a destruir el poder que nos ata al pecado. Lo hizo tomando la Cruz. Lo hizo para liberarnos. Jesús tenía mucho más cosas reservadas para el paralítico, mucho más que la sanidad física que estaba buscando.

¿Está usted enfermo o alguien a quien ama está enfermo? Llévelo a Jesús. Sostengalo sobre sus hombros. Tenga la disponibilidad de atravesar un techo o molestar a su Pastor o sacerdote para orar o recibir una unción. ¡Sea audaz! Esté dispuesto a interferir en la vida de una persona que necesita sanación o perdón o tal vez ambas cosas. Puede ser engorroso e incómodo llevar a alguien a Jesús, dejar lo que se está haciendo y orar o pedir por ellos. Puede ser incómodo llevar a alguien a la iglesia, invitarlo al grupo de oración, llevarlo al Sacramento de la Reconciliación o traerlo al Padre para el Sacramento de la unción de los enfermos. Puede requerir una llamada telefónica o tocar a la puerta. Puede hasta demandar una visita al hospital.

Estos cuatro amigos no tuvieron duda en su corazón que Jesús era la respuesta para su amigo. Caminaron hacia Jesús con confianza. Valió la pena pagar cualquier precio que se solicitará de ellos para ver a su amigo sanado. Amaban a su amigo y ellos sabían que Jesús lo sanaría. Ellos no se resignaron a la enfermedad. Ellos querían más para su amigo y no tuvieron miedo de pedir. "Pide y recibirás; busca y encontrarás; Llama y la puerta se abrirá para ti." **Lucas 11:9** No se limite por lo que otras personas podrían pensar o por el diagnóstico del médico. Vaya a Dios por medio de la oración.

¿Está usted enfermo? ¡Bendito Dios porque hay esperanza para usted! Dios quiere ser glorificado a través de nosotros cuando somos sanados o cuando oramos por otra persona. (**Juan 14:13**)

¿Es usted un pecador necesitado de perdón? Alabe a Dios, Jesús siempre está dispuesto a perdonar. ¡SÍ, SIEMPRE! ¿Están enfermos y necesitan curación entonces alaben a Dios, Jesús siempre está dispuesto a sanar.

Mateo 8:3 Jesús "extendió su mano, lo tocó y dijo, sí quiero. Sé limpio." Y al instante quedó limpio de su lepra

¿Los pecados del paralítico le causó a él estar enfermo? Muchos se preguntan eso. ¿El pecado de usted le causa estar enfermo? Esto siempre está en el fondo de nuestras mentes, así que voy a abordarlo. ¿Su pecado causó esto, se lo merece de alguna manera? Se ha alimentando mal toda su vida? Fuma... ¿Es esto lo que me toca en la vida? ¿Hizo algo tan malo que es así cómo está pagando por ello? Si esto está en algún lugar de su mente, como lo está a veces conmigo, entonces tengo muy buenas noticias... Jesús ya ha pagado por ese pecado, así que sea libre de ir a Jesús para pedirle perdón y la curación como el paralítico.

Jesús pagó un alto precio para liberarnos del pecado, por eso no se aferre a ese pecado. ¡Sea libre! Su pecado no es demasiado grande para Jesús. Creemos que Dios va curar a otros pero no a nosotros. Podemos pensar que el pecado de él o ella, es más perdonable que el mío. Por alguna razón, nuestro propio pecado es mucho peor en nuestros ojos, pero no en los ojos de Dios. Todos son iguales a Dios. Tomó todos los pecados, el suyo y el mío. ¿Si pensamos que nuestro pecado es demasiado para Jesús, entonces qué más tiene que hacer Jesús? ¿Qué más está ahí? Cuando decimos que nuestro pecado es demasiado para Dios realmente estamos diciendo que la Cruz no fue suficiente.

Él no debió haberse molestado en tomar la Cruz porque simplemente no era suficiente para mis pecados. Tal vez si Jesús hubiera sufrido más, estaríamos satisfechos. La muerte de Jesús complació a Dios totalmente, ¿no nos debería de satisfacer a nosotros? Bueno, la buena noticia es que los pecados de usted estuvieron en la Cruz, por horribles que sean!

NOTAS

SEMANA DE FE 4   Justificación a Través de la Fe

"Ven Espíritu Santo, Te invito. Te necesito. Abre la Palabra para mí, dirígeme, guíame y dame entendimiento. Vengo a Ti y Te pido que me des hambre de Tu Palabra. Lléname Espíritu Santo y desbordarme en ríos de agua viva que puedan emerger de dentro de mí, a un mundo seco y sediento empezando por mi propia vida y familia."

DIA 1

LEER   Efesios 2:1-22 y Efesios 1:7-14

1. Compare las palabras o frases en este pasaje que describen la vida con y sin Cristo.

CON CRISTO	SIN CRISTO

2. Comente.

DIA 2

LEER   Catecismo de la Iglesia Católica a continuación

ccc 1990

La justificación libera al hombre del pecado que contradice al amor de Dios, y purifica su corazón. La justificación es prolongación de la iniciativa misericordiosa de Dios que otorga el perdón. Reconcilia al hombre con Dios, libera de la servidumbre del pecado y sana.

ccc 1996

Nuestra justificación es obra de la gracia de Dios. La gracia es el favor, el auxilio gratuito que Dios nos da para responder a su llamada: llegar a ser hijos de Dios (cf Jn 1, 12-18), hijos adoptivos (cf Rm 8, 14-17), partícipes de la naturaleza divina (cf 2 P 1, 3-4), de la vida eterna (cf Jn 17, 3).

JUSTIFICAR - Teología. Declarar inocente o sin culpa; absolver; exonerar.

1. ¿Que significa justificación en las palabras de usted?

LEER   Gálatas 2:15-21

2. ¿Cómo estamos siendo justificados de acuerdo a estos versos y qué significa esto para nosotros?

RE-LEER   Gálatas 2:19-21

3. ¿Qué significa "pues si la justificación viene a través de la ley, entonces Cristo murió en vano"?

Jesús vivió la vida perfecta. Su vida cumplió con la ley. Total cumplimiento de la ley es la forma de ser justificado ante de Dios. Total cumplimiento de la ley es la manera de ser justificado (liberado, perdonado, ser corregido, restaurado, completado). Nadie excepto Jesús puede cumplir la ley. Tratamos de cumplir los requisitos de la ley pero quedamos cortos (Romanos 3:23). Si pudiéramos cumplir la ley entonces Jesús no habría necesitado venir a cumplirla y a morir. Sin el derramamiento de sangre no hay perdón (Hebreos 9:22)

Jesús no vino para abolir la Ley Antigua sino a darle plenitud. Escuchamos la nueva ley en las Bienaventuranzas (Mateo 5:1-12) y las obras corporales de misericordia (Mateo 25:31-46). Podemos recordar la Nueva Ley si recordamos las palabras de Jesús en la última cena "Les doy un mandamiento nuevo: que se amen los unos a los otros. Ustedes deben amarse unos a otros como yo los he amado. Es así que yo sabré que son mis discípulos, sí aman unos a otros. (Juan 13: 34-35)

Escrito por: Mark Wuenschel

DIA 3

LEER Gálatas 3:1-14

1. VOLVER A LEER Gálatas 3:1-5. ¿Cómo recibe usted al Espíritu (Espíritu Santo)?

2. ¿De qué cree usted que Pablo los está reprendiendo?

3. Escriba a continuación cada palabra/adjetivo en este pasaje que tenga que ver con el espíritu/fe y la ley/carne (ver Gálatas 3:1-14 y 21-29)

ESPIRITU / FE	LEY / CARNE

4. Lea todas las palabras de la tabla anterior y explique en forma breve la diferencia entre la ley y la fe.

5. Escriba Gálatas 3:6. ¿Qué es lo que dice/significa?

DIA 4

LEER   Romanos 3:19-20

Nueva Traducción Viviente	Biblia de las Americas
⁹ Obviamente, la ley aplica a aquellos a quienes fue entregada, porque su propósito es evitar que la gente tenga excusas y demostrar que todo el mundo es culpable delante Dios.²⁰ Pues nadie llegará jamás a ser justo ante Dios por hacer lo que la ley manda. La ley sencillamente nos muestra lo pecadores que somos.	¹⁹ Pues sabemos que todo lo que dice la Escritura está dicho para el mismo pueblo que recibió la Ley. Que todos, pues, se callen y el mundo entero se reconozca culpable ante Dios.²⁰ Porque en base a la observancia de la Ley no será justificado ningún mortal ante Dios. El fruto de la Ley es otro: nos hace conscientes del pecado.

1. En base a los versículos anteriores, ¿Cuál es el propósito de la Ley?

LEER Romanos 3:21-31

Nueva Traducción Viviente	Biblia de las Americas
Cristo tomó nuestro castigo	**III. Justificación por la Fe en Cristo**
²¹ Pero ahora Dios nos ha mostrado cómo podemos ser justos ante él sin cumplir con las exigencias de la ley, tal como se prometió tiempo atrás en los escritos de Moisés y de los profetas, ²² Dios nos hace justos a sus ojos cuando ponemos nuestra fe en Jesucristo. Y eso es verdad para todo el que cree, sea quien fuere. ²³ Pues todos hemos pecado; nadie puede alcanzar la meta gloriosa por Dios. ²⁴ Sin embargo, con una bondad que no merecemos, Dios nos declara justos por medio de Cristo Jesús quien nos liberó del castigo de nuestros pecados. ²⁵ Pues Dios ofreció a Jesús como el sacrificio por el pecado. Las personas son declaradas justas a los ojos de Dios cuando creen que Jesús sacrificó su vida al derramar su sangre. Ese sacrificio muestra que Dios actuó con justicia cuando se contuvo y no castigó a los que pecaron en el pasado, ²⁶ porque miraba hacia el futuro y de ese modo los incluiría en lo que llevaría a cabo en el tiempo presente. Dios hizo todo eso para demostrar su justicia, porque él mismo es justo e imparcial, y declara a los pecadores justos a sus ojos cuando ellos creen en Jesús. ²⁷ ¿Podemos, entonces, jactarnos de haber hecho algo para que Dios nos acepte? No, porque nuestra libertad de culpa y cargo no se basa en la obediencia a la ley. Está basada en la fe. ²⁸ Así que somos declarados justos a los ojos de Dios por medio de la fe y no por obedecer la ley. ²⁹ Después de todo, ¿acaso Dios es sólo para los Judíos? ¿No es también el Dios de los Gentiles? Claro que si. ³⁰ Hay un sólo Dios, y él declara justos a Judíos y Gentiles únicamente por medio de la fe. ³¹ Entonces, si hacemos énfasis en la fe ¿eso significa que podemos olvidarnos de la ley? ¡Por supuesto que no! De hecho, sólo cuando tenemos fe cumplimos verdaderamente la ley.	**Justificación aparte de la ley.** ²¹ Pero ahora, sin la Ley, se ha manifestado la justicia de Dios, atestiguada por la ley y los profetas: ²² la justicia de Dios por la fe en Jesucristo, para todos los que creen. Porque no hay ninguna distinción: ²³ todos han pecado y están privados de la gloria de Dios. ²⁴ Pero son justificados gratuitamente por su gracia, en virtud de la redención cumplida en Cristo Jesús, ²⁵ Él fue puesto por Dios como instrumento de propiciación por su propia sangre, gracias a la fe. De esa manera, Dios ha querido mostrar su justicia: ²⁶ en el tiempo de la paciencia divina, pasando por alto los pecados cometidos anteriormente, y en el tiempo presente, siendo justo y justificado a los que creen en Jesús. ²⁷ ¿Qué derecho hay entonces para gloriarse? Ninguna. Pero, ¿en virtud de qué ley se excluye este derecho? ¿Por la ley de las obras? No, sino por la ley de la fe ²⁸ Porque nosotros estimamos que el hombre es justificado por la fe, sin las obras de la ley. ²⁹ ¿Acaso Dios es solamente el Dios de los Judíos? ¿No lo es también de los paganos? Evidente que si ³⁰ porque no hay más que un solo Dios, que justifica por medio de la fe tanto a los Judíos circuncidados como a los paganos incircuncisos. ³¹ Entonces, ¿por medio de la fe, anulamos la Ley? ¡Ni pensarlo! Por el contrario, la confirmamos.

2. ¿Qué significa la justicia?

3. ¿A través de quien conseguimos justicia y quién la recibe?

4. Resuma este pasaje en sus propias palabras. (Ver notas en la Biblia de las Américas en la carta a los Romanos 3: 21-31)

LLENE LOS ESPACIOS EN BLANCO: Romanos 3:21-25 Reina-Valera 1960 version

Pero ahora, aparte de la _____, la justicia de Dios ha sido manifestada, a pesar de ser atestiguada por la ley y los profetas; la justicia de Dios por medio de la _____ en Jesucristo, para todos los que _____. Porque no hay distinción; y todos han _____ y no alcanzan la gloria de Dios. Estan siendo justificados gratuitamente por su _____ por medio de la redención que es en Cristo Jesús, a quien Dios exhibió públicamente como propiciación por su _____ a través de su _____, como demostración de su justicia, porque en su tolerancia, Dios pasó por alto los pecados cometidos anteriorment

5. ¿Puede volver a escribir este pasaje de la página anterior en sus propias palabras?

LEER Romanos 5:1-2 *LLENE LOS ESPACIOS EN BLANCO*

Por tanto, habiendo sido justificados por la _____,

tenemos _____ para con Dios por medio de _____ _____ _____,

por medio de quien también hemos obtenido entrada por la _____

esta _____ en la cual estamos firmes, y nos gloriamos en la esperanza de la gloria de Dios.

6. ¿Puede volver a escribir este pasaje de la página anterior en sus propias palabras? (Romans 5:1-2)

DIA 5
LEER Romanos 4:1-5
1. ¿Cuál es la diferencia entre regalo y salario? Explicarlo.

LEER Romanos 4:13-25
2. Describa la fé de Abraham en este pasaje. (Vea los versículos 17-22)

3. ¿Cómo el versículo 17 describe a Dios?

4. El versículo 3 en la Biblia dice que la justicia fue reconocida para Abraham. ¿Qué significa eso? (use sus propias palabras)

5. ¿Qué dicen los versículos 22-25 acerca de nosotros y la justicia?

6. Comente sobre algo que usted haya aprendido en este pasaje.

LEER   Gálatas 3:6-7

7. ¿Quiénes son los hijos de Abraham?

Abraham fue justificado por la Fe, no por las obras, dice la Biblia. Abraham creyó y fue reconocido como justo. ¿Qué hizo Abraham para ser justo con Dios? Su fe en Dios le hizo justo con Dios. Si la ley nos hizo justos, o correctos con Dios, entonces Jesús no tenía que venir y morir. Sin embargo, nuestra justicia no depende de la ley. Obedecer la ley no nos justifica, ni nos purifica.

¿Sabe usted que no hay nada en nosotros que nos haga justos? Dios dice que nuestra justicia es como trapos de inmundicia para él. Todos nosotros nos hemos vuelto como hombres impuros, y todas nuestras buenas obras (o justicia o actos justos) son como trapos contaminados; nos hemos marchitado como hojas y nuestras culpas nos llevan lejos como el viento. Isaiah 64:5 (New American Bible NAB, version en español: Nueva Biblia de las Américas)

¿Qué significa esto? ¿No hay nada que podamos hacer por nosotros mismos para ganar el cielo? La respuesta es: no tenemos los medios necesarios dentro de nosotros mismos para llegar al cielo. Necesitamos a Jesús. Él provee todo lo que necesitamos. Esto le puede parecer extraño a usted. Ver

Juan 15:5 donde Jesús dice "sin mí no pueden hacer nada." Él es nuestra justicia. Esta es la "BUENA NUEVA" de Jesucristo. Pagó todo. Él preparó el camino para nosotros. Somos justos porque somos revestidos con Cristo. (de Gálatas 3:27)

La Carta a los Romanos menciona que si por las obras Abraham se hiciera justo entonces tendría algo de qué vanagloriarse, pero no delante de Dios. (Romanos 4:2) De hecho si somos justificados en base a, por ejemplo, cuántas veces vamos a la iglesia, cuántas misas diarias asistimos o cuántas oraciones oramos, entonces seremos como el fariseo en el templo orando (vea Lucas 18). Oró agradeciendo a Dios que no era como ese recaudador de impuestos (publicano), Yo doy el diezmo, Yo... Yo... Yo... Enumeró todas sus buenas obras delante de Dios y el pobre publicano sólo inclinó la cabeza y dijo: -Señor soy un pecador-. Jesús preguntó cuál de ellos se fue a casa justificado. ¿Cuál de ellos se fue a casa siendo justo con Dios? Aquel que todo lo hizo correcto y perfecto según la ley o el que confesó sus pecados a Dios. Jesús dijo que el publicano fue justificado o fue hecho justo con el Señor, pero no el fariseo. God. Jesus said the tax collector was justified or was made right with the Lord, not the pharisee.

LLENE LOS ESPACIOS EN BLANCO (La Biblia de las Américas- Reina-Valera 1960)
Romanos 4:13-17

Porque la _____ a Abraham o a su descendencia de que él sería heredero del mundo, no fue hecha por medio de la _____, sino por medio de la justicia de la _____.

Porque si los que son de la _____ son herederos, vana resulta la _____ y anula las promesas; porque la _____ produce ira, pero donde no hay _____ tampoco hay transgresión. Por eso es por _____, para que esté de acuerdo con la _____, a fin de que la promesa sea firme para toda la posteridad, no sólo a los que son de la ley, sino también a los que son de la _____ de Abraham, el cual es _____ de todos nosotros, como está escrito: Te he hecho padre de muchas _____, delante de aquel en quien creyó, es decir Dios, que da _____ a los muertos y llama a las cosas que no son como si fueran.

DIA 6

LEER   Gálatas 5:4-6

1. Escribir el versículo 4.

2. Ahora vuelve a escribirlo usando tus propias palabras.

3. LEER la reflexión siguiente y comentar acerca de algo que haya aprendió o haya encontrado enriquecedor.

Reflexión

Al comienzo de nuestro camino con Dios, nos enseñan los Diez Mandamientos. Aprendemos lo correcto de lo incorrecto, especialmente cuando somos niños, y creemos que mientras sigamos los Diez Mandamientos y seamos "buenos," iremos al Cielo. Sin embargo, ninguno de nosotros puede seguir completamente los Diez Mandamientos. No importa cuánto lo intentemos; fallaremos. Ninguno de nosotros puede obedecer estos mandamientos al pie de la letra. En algún momento de nuestras vidas, hemos roto, o lo haremos, al menos uno de los mandamientos.

¿Entonces qué?

Vivimos preocupados; vivimos en incertidumbre; vivimos con miedo porque no sabemos qué nos depara el destino cuando morimos. Nos preguntamos si recibiremos Su perdón. Esperamos haber hecho suficientes cosas buenas para llegar al Cielo. Contamos con las cosas buenas que hemos hecho para superar las malas y tener acceso a la vida eterna. Muchos de nosotros, aunque nos convertimos en adultos, permanecemos con este tipo de mentalidad viviendo con miedo y duda, INDEFINIDAMENTE. Incluso podemos llegar a la vejez y morir creyendo que esto es todo lo que hay.

Nuestra relación con Jesús es aún superficial. No lo hemos invitado a nuestras vidas, ni lo hemos aceptado como nuestro Salvador. ¿Qué pasa si hay más? ¿Qué pasa si hay mucho, mucho más?

Jesús nos está llamando a crecer; nos está llamando a tener una relación más profunda con Él. Nos está llamando para conocerlo mejor y aprender todo lo que tiene para nosotros. Debemos tomar la decisión de dejarlo entrar. Creo que cuanto antes, mejor. Cristo Renueva Su Parroquia (CRHP) es un proceso de renovación en la Iglesia católica, y esto es lo que dice el manual con respecto al compromiso con Jesucristo.

CRHP

"El cristianismo no comenzó con una formulación teológica, un conjunto de leyes, o incluso una forma de oración, ciertamente no comenzó con un documento. Comenzó con una persona. El cristianismo tiene solo que ver con el compromiso con una persona. La persona es Jesucristo. Jesús dice: "Aquí estoy, estoy en la puerta y llamo, si alguien oye mi voz y abre la puerta, entraré".

"El acto de compromiso es una oración de ofrenda de si mismo que, en términos simples, expresa la creencia en Cristo como Salvador y Señor, reconoce nuestra pecaminosidad y necesidad, y pone claramente nuestra vida entera en las manos de Jesús." Manual de CRHP

El manual de CRHP continúa diciendo: "Ser seguidor de Jesús no es una cuestión de nacimiento, sino de decisión. ... La tradición del bautismo de infantes reclama la fe de la comunidad para el infante, pero espera que cada individuo elija a Jesús por sí mismo cuando pueda hacerlo."

Cómo hacemos esto? ¿Cómo lo elegimos? Debemos buscarlo a propósito, intencionalmente. Cuando damos este paso y aprendemos acerca de su amor por nosotros, estamos eligiendo aceptarlo como nuestro Señor y Salvador. Esto no es una opción; es imperativo, una cuestión de vida o muerte. Tenemos que decidir y dejar que Jesús guíe nuestras vidas. Nuestras vidas necesitan estar centradas en Jesús. Comenzamos una nueva vida en él. Tomamos la decisión de dejar nuestras viejas creencias, la forma en que pensábamos acerca de los Diez Mandamientos y cómo íbamos a ganar nuestra entrada al Cielo. Decidimos crecer y madurar en nuestra fe y en nuestra relación con Jesús.

En esta nueva vida, nos damos cuenta y aceptamos que ya no necesitamos ganar nuestra entrada al Cielo. Ya no tenemos que salvarnos nosotros mismos porque hemos recibido el regalo de salvación de Jesús. Aceptamos que Él ya lo hizo todo. Él murió y nos quitó nuestros pecados. Él perdonó nuestros pecados pasados, presentes y futuros para que podamos tener acceso a la vida eterna. Ahora tenemos la seguridad de que somos libres. Ahora podemos caminar en libertad y paz, sabiendo y realmente creyendo que Él nos rescató de la condenación. Jesús vino a morir como sacrificio por nuestros pecados. Nos hizo limpios a los ojos de Dios, el Padre. Jesús tomó todos nuestros pecados como propios y pagó el precio por ellos con su propia muerte. El ganó nuestra entrada al cielo. No podemos ganarla nosotros, pero Jesús la ganó para nosotros.

En nuestra forma anterior de vivir y pensar, no estábamos seguros de nuestro futuro después de morir. Pensábamos que teníamos que ganarnos la entrada al Cielo por la cantidad de buenas obras que podamos lograr. Ahora que nuestra relación con Cristo ha madurado y se ha profundizado, aprendemos cómo Jesús quiere que vivamos y lo sigamos. Las obras son importantes. No es suficiente simplemente decidir vivir para Cristo. Comenzarás a parecerte a Jesús, a sonar como Jesús y a actuar como Jesús.

Santiago 2:18 dice: "La fe sin obras esta muerta."

A pesar de que, en este camino, vamos a veces a fracasar, y elegiremos pecar, la buena noticia es que cuando nos damos cuenta, podemos cambiar rápidamente, podemos dar marcha atrás y seguir a Jesús. Cuanto más profunda se vuelve nuestra relación con Jesús, más rápido nos damos cuenta cuando estamos pecando y luego nos arrepentimos de inmediato. ¡Hacemos esto no porque le tengamos miedo, tampoco para ganarnos la entrada al Cielo o para lucir bien, sino porque simplemente lastimamos a nuestro Dios! Lo hemos deshonrado y no queremos decepcionarlo. Nos arrepentimos, no porque tengamos miedo al juicio o la condena, sino simplemente porque lo amamos y nos sentimos mal por haberle fallado.

Cuando nos arrepentimos rápidamente, confiamos en su amor incondicional y su perdón. ¿Qué padre quiere que su hijo le tenga miedo? Queremos que nuestros hijos quieran hacer el bien, no porque nos tengan miedo, sino porque nos aman y quieren honrarnos. ¡En esta nueva vida, nuestro objetivo es el progreso, no la perfección! Vivimos nuestras vidas y pasamos nuestro tiempo adorando y amando a Jesús. El concisó los 10 mandamientos en 2 y expandió para cubrir mucho más.

1. Amarás a tu Dios con todo tu corazón, con toda tu alma, con toda tu mente y con todas tus fuerzas.
2. Amarás a tu prójimo como a ti mismo

En nuestra nueva vida seguimos sus dos mandamientos para mostrarle que lo amamos, que le estamos agradecidos por lo que hizo y por lo que hace por nosotros y para honrarlo. Hacemos esto porque le pertenecemos y porque somos sus hijos.

Juan 1: 10-12 Él vino al mundo que creó, pero el mundo no lo reconoció. Él vino a su propio pueblo, e incluso ellos lo rechazaron. Pero, a todos los que le creyeron y lo aceptaron, les dio el derecho de convertirse en hijos de Dios.

Escrito por: Maria Chladny

Artículo 2 del Catecismo en la Justificación (http://www.vatican.va/archive/catechism_sp/p3s1c3a2_sp.html)

1989
La primera obra de la gracia del Espíritu Santo es la conversión, que obra la justificación según el anuncio de Jesús al comienzo del Evangelio: "Convertíos porque el Reino de los cielos está cerca" 38. Movido por la gracia, el hombre se vuelve a Dios y se aparta del pecado, acogiendo así el perdón y la justicia de lo alto. "La justificación no es sólo remisión de los pecados, sino también santificación y renovación del interior del hombre" 39.

1990
La justificación libera al hombre del pecado que contradice al amor de Dios, y purifica su corazón. La justificación es prolongación de la iniciativa misericordiosa de Dios que otorga el perdón. Reconcilia al hombre con Dios, libera de la servidumbre del pecado y sana.

1991
La justificación es, al mismo tiempo, acogida de la justicia de Dios por la fe en Jesucristo. La justicia designa aquí la rectitud del amor divino. Con la justificación son difundidas en nuestros corazones la fe, la esperanza y la caridad, y nos es concedida la obediencia a la voluntad divina.

1992
La justificación nos fue merecida por la pasión de Cristo, que se ofreció en la cruz como hostia viva, santa y agradable a Dios y cuya sangre vino a ser instrumento de propiciación por los pecados de todos los hombres. La justificación es concedida por el Bautismo, sacramento de la fe. Nos asemeja a la justicia de Dios que nos hace interiormente justos por el poder de su misericordia. Tiene por fin la gloria de Dios y de Cristo, y el don de la vida eterna.40 (cf Concilio de Trento: DS 1529)

«Pero ahora, independientemente de la ley, la justicia de Dios se ha manifestado, atestiguada por la ley y los profetas, justicia de Dios por la fe en Jesucristo, para todos los que creen —pues no hay diferencia alguna; todos pecaron y están privados de la gloria de Dios— y son justificados por el don de su gracia, en virtud de la redención realizada en Cristo Jesús, a quien Dios exhibió como instrumento de propiciación por su propia sangre, mediante la fe, para mostrar su justicia, pasando por alto los pecados cometidos anteriormente, en el tiempo de la paciencia de Dios; en orden a mostrar su justicia en el tiempo presente, para ser él justo y justificador del que cree en Jesús». Romanos 3:21-26

La Conferencia de Estados Unidos de obispos católicos - ver http://www.usccb.org/catechism/text/pt3sect1chpt3art2.shtml#35

JUSTIFICACIÓN POR LA FE

"Justificados por la fe"... lo escuchamos y continuamente tratamos de entenderlo. Queremos estar lo correcto con y ante Dios. Muchos de nosotros deseamos conocer a Dios mejor, para servirle y llegar hacer correctos con él, para estar conectados con él. Buscamos su justicia. Buscamos estar correctos con él. Todos pecamos y necesitamos ser perdonados y estar correctos con Dios.

Pero ¿cómo conseguimos llegar ahí? Durante siglos en el Antiguo Testamento, la única manera era a través de las buenas obras, siguiendo las normas y leyes. Cristo vino a cambiar todo eso. Pablo llega justo al punto en Romanos 1:17, "la persona que se hace justa con Dios (justificado y salvado) por la fe vivirá (tener la vida eterna)." (Paréntesis agregados por el autor del libro) Las buenas obras por sí mismas no compran nuestro camino al cielo, ni reflejan lo que realmente está en nuestros corazones (¿Acaso no realizamos en ciertas ocasiones cosas buenas por razones egoístas?). Más bien, las buenas obras son un resultado natural de nuestra fe en Dios y nuestro deseo de complacerlo.

Santiago 2:22 se refiere a Abraham cuando dice "... Ya ves que la fe acompañaba a sus obras, y por las obras su fe llegó a la madurez". Abraham creyó en Dios y sus promesas y por lo tanto fue capaz de actuar según el plan de Dios. Todos deseamos la salvación, pero las buenas obras por sí solas no la garantizan. La salvación es un regalo de la gracia, aceptada por la fe.

Santiago 2:22 es como una planta. La Fe puede ser considerada como la raíz o el comienzo. La Esperanza es el tallo, a través del cual la planta se nutre y crece. El amor es la flor, el resultado visible. Comenzamos con la fe en Dios y en su hijo Jesucristo, tenemos esperanza de sus promesas y resurrección y luego tenemos amor por Dios y de los demás que nos permite hacer buenas obras para nuestros hermanos y hermanas.

Como seres humanos todos pecamos y nuestros pecados tienen consecuencias que se deben enfrentar. Dios es consciente de todos nuestros pecados y ofrece el perdón a través de la muerte de Su Hijo en la Cruz. Podemos aceptar el regalo de Dios de salvación, vida eterna, mediante LA FE EN SU HIJO, o podemos rechazar este regalo de salvación y sufrir el juicio final de Dios. Es nuestra opción. Dios quiere que todos aceptemos y recibamos Su perdón. Como católicos tenemos la oportunidad de recibir gracia y perdón en el Sacramento de la reconciliación. (Versión Reina-Valera)

Escrito por Kate Johnston

El proceso de un pecador para llegar a ser justificado o hacer lo correcto con Dios, según lo definido por el Concilio de Trento. "La justificación es el cambio de la condición en que una persona nace como hijo del primer Adán en un estado de gracia y de adopción entre los hijos de Dios a través del segundo Adán, Jesucristo nuestro Salvador" (Denzinger 1524). Es "por un lado", la justificación una verdadera eliminación del pecado y el cual no consiste en ignorar nuestros pecados o de ya no retener nada contra el pecador por medio de Dios. Es "por otra parte", la santificación sobrenatural y la renovación de una persona que así se convierte en Santo y es agradable a Dios y un heredero del cielo.

La iglesia católica identifica cinco elementos de la justificación, que colectivamente definen su significado completo. El propósito principal de la justificación es el honor de Dios y de Cristo; su propósito secundario es la vida eterna de la humanidad. La principal causa eficiente o agente es la misericordia de Dios; la principal causa fundamental es el Sacramento del bautismo, el cual es llamado el "Sacramento de la fe" para explicar la necesidad de la fe para la salvación. Y lo que constituye la justificación o su esencia es la justicia de Dios, "no por que él es justo, pero por qué nos hace justos," referida como gracia santificante.

Dependiendo en los pecados una persona puede ser liberada, hay diferentes tipos de justificación. Un niño está justificado por el bautismo y la fe de quien pide o confiere el Sacramento. Los adultos se justifican por primera vez por la fe personal, la tristeza por el pecado y el bautismo, o por el amor perfecto de Dios, que es por lo menos un implícito bautismo de deseo. Los adultos que han pecado gravemente después de ser justificado pueden recibir la justificación por la absolución sacramental o la contrición perfecta por sus pecados.

Teología de la Justificación. Diccionario Católico Moderno por Fray. John A. Hardon, (perteneciente a la Compañía de Jesús, Societas Jesu, Jesuita)

NOTAS

SEMANA DE FE 5   Fe Supernatural

Póngase, pues, el vestido que conviene a los elegidos de Dios, sus santos muy queridos: la compasión tierna, la bondad, la humildad, la mansedumbre y la paciencia. Sopórtense y perdónense unos a otros si uno tiene motivo de queja con otro. Como el Señor los perdonó, a su vez hagan ustedes lo mismo. Por encima de esta vestidura pondrán como cinturón el amor, para que el conjunto sea perfecto. Así la paz de Cristo reinará en sus corazones, pues para esto fueron llamados y reunidos. Finalmente, sean agradecidos. **Col 3:12-15**

Señor hoy como uno de sus elegidos, estoy poniendo como mi vestimenta compasión sincera, bondad, humildad, mansedumbre y paciencia. Te doy gracias que soy santo y amado ante tus ojos. Hoy he escogido llevarme bien con mis hermanos y hermanas, vecinos y amigos, perdonandoles como el Señor me ha perdonado. Hoy he usado la vestimenta del amor y estoy dejando que Cristo controle mi corazón con su paz.

DIA 1

LEER Mateo 8: 5-13   La Curación del Sirviente del Centurión

1. ¿Qué crees que quiere decir el Centurión con lo que dice en los versículos 8-9?

2. Jesús está sorprendido ante este Centurión. ¿Por qué? ¿Qué hace él que es tan asombroso para Jesús?

3. Jesús dijo se hará para ti conforme a lo que tu creas. ¿Esto te reta a creer con mayor magnitud?

4. ¿Qué aprendemos acerca del poder de la Palabra? (Ver Mateo 8:16; Juan 1: 1, 14; Isaías 55:11, Génesis 1:1-4)

DIA 2

LEER   Mateo 15: 1 -20

1. ¿Qué es lo que Jesús tiene que decir acerca de honrar a nuestros padres?

2. ¿Qué es impuro de acuerdo a Jesús? (ver versos 10-20)   Comente.

La palabra de Dios está llena de consejos.

Dios sabe qué necesitamos, y nos ha brindado la receta para tener una buena salud. Los proverbios 17:22 nos dicen que tener el corazón contento es una buena medicina, y que tener el espíritu triste seca los huesos.

¿Cómo se vuelve amargo nuestro corazón? La raíz de la amargura radica en no perdonar. A qué nos aferramos, sobre qué meditamos, una relación fallida, nuestras finanzas, la decepción que puede generarnos un trabajo, no obtener un ascenso, nuestros matrimonios, ser solteros. Hay una multitud de cosas que pueden desalentarnos. Quizás el problema real es que estamos infelices con nosotros mismos y con las decisiones que hemos tomado. Todos hemos tomado malas decisiones. Debemos superar el pasado.

El ayer ya terminó.

Hoy es un nuevo día. No mires por el espejo retrovisor. En lugar de ello, observa el hermoso camino que te espera adelante. Hoy toma la decisión de perdonar a todos aquellos que te hayan lastimado. Incluso si no lo sientes. Repítete a ti mismo: "En el nombre de Jesús, hoy elijo perdonar." Repítelo hasta que Dios te brinde la gracia de perdonar a esa persona. Romanos 12: 2 dice que serás transformado por la renovación de tu mente.

¿Cómo recibimos ese corazón contento que nos lleva a tener una buena salud? Tienes que crear un patrón en tu mente que te lleve a pensar y meditar sobre el amor, la felicidad, la paz, y las cosas hermosas. Tienes que comprometerte a desprenderte de la amargura y de no perdonar, y caminar con el amor de Dios para ti y para los demás. Tienes que parar de tener pensamientos negativos, y esto lo lograrás repitiendo el nombre de Jesús cada vez que sientas que aparece la negatividad.

Alaba a Dios. La alabanza es un arma que canaliza nuestra ansiedad, depresión y miedo, los cuales no nos permiten obtener la felicidad máxima que hay en Cristo. Escucha música cristiana, lee y memoriza las Escrituras y, por supuesto, debes rezar y alabar al Señor. Practica todo esto y tu corazón

> SE VOLVERÁ más feliz, tu espiritú SE ELEVARÁ, LLEVARÁS una sonrisa en tu rostro, y ESTARÁS repleto del amor de Cristo. Dios quiere que seas sano y próspero en todas las áreas de tu vida.
>
> *Querido, espero que estés prosperando en todos los aspectos y que estés saludable, así como tu alma esté prosperando.* **3 Juan 1: 2**
>
> Escrito por **Lorraine Eastman**

DAY 3

LEER Marcos 11: 20-25

1. ¿Esta Jesús sugiriendo que también nosotros tenemos poder sobre los elementos físicos? Comente.

2. ¿Tienen poder nuestras palabras tienen? Comente. (Ver Números 14:26-30)

3. Describa la fe de la que habla Jesús en Marcos 11: 23-24.

4. Jesús es serio acerca de el perdón (ver Marcos 11: 24-25). Comente, ver también. (Colosenses 3:13 Mateo 6:9-15)

¿Tienes una fe "que mueve montañas?" ¿La quieres? Dios dice que está en nosotros y hasta en nuestros labios. ¿Cómo hablas? dices "Yo no puedo, yo odio, ¿por qué a mi?, odio mi vida, nunca nada es correcto, nunca nada sale como yo quiero, soy lo peor, yo nunca podré, me lo esperaba, aquí vamos otra vez, estoy harto de, estoy cansado de, voy a morir, siento que, y así ¿sigues y sigues?" Cuando hablamos de esa forma estamos llenos de duda, temor y preocupación. Más bien deberíamos decir…

"Estoy bien,
Estoy seguro,
Estoy confiando en Dios,
Yo sé que puedo,
Prevaleceré,
Soy más que vencedor por medio de Cristo,
Puedo hacer todas las cosas en Cristo que me fortalece,
Él es mi roca,
Él nunca me dejará,
Soy un hijo del REY DE REYES, eso me hace una princesa,
Mi Dios escucha mis oraciones, las oraciones de su hijo/hija amado "
"El SEÑOR está conmigo: no temeré: ¿qué pueden hacerme los mortales?" Salmos 118:6

Habla a tu situación. Dile a esa montaña,

"Muévete y échate en el mar.
Mi cuerpo está bien, en nombre de Jesús.
Voy a vivir porque he orado y creo en mí Señor que me sanará.
Mi enfermedad, así como mis pecados, están en la cruz.
Mis hijos volverán al Señor.
Mi esposo va a conseguir un trabajo porque estoy confiando en Jesús.
Mi matrimonio se salvarán porque Jesús es mi Señor y
Él puede y se hará cargo de ello."
No, no moriré sino que viviré y contaré las obras del SEÑOR, Salmo 118:17.

¿Por qué no? En cambio somos rápidos para decir lo contrario, "Voy a morir, estoy tan enfermo, mi matrimonio se acabó… etc." Vamos a intentarlo, vamos a empezar a hablar de victoria, la victoria que tenemos en Cristo que murió llevando todos nuestros pecados y enfermedades con él a la cruz. (Mateo 8:17)

DIA 4   LEER Santiago 3:1-12 Poder de la Lengua

1. Describa el poder que las palabras tienen. (Ver Proverbios 18:20-21 y Mateo 12:36)

2. Describa la lengua y lo que nos hace a nosotros.

3. Recuerde un momento en el que haya dicho algo y se arrepintió ¿Como le hizo sentir? ¿Que tal a la persona que se lo dijo? (ver Salmos 34:14)

LEER Proverbios 8:6-8 y 18:20-21

4. ¿Cómo le animó estos pasajes? ¿Qué le dice a usted?

5. Piense en algún momento cuando usted bendijo a alguien, cuando utilizó sus palabras para dar vida. ¿Como le hizo sentir? ¿Cuál fue la respuesta de esa persona? Si no puede pensar en ningún momento que haya tenido o no le viene a la mente nada, entonces vaya y trate, sea deliberado. Hable palabras de vida hoy intencionalmente y vea lo que hacen.

DIA 5
LEER 1 Corintios 1:18-31

1. ¿Cuál es el mensaje de la cruz?

2. Describa sabiduría y necedad en la siguiente tabla. Ver 1 Corintios 1:18-31, Santiago 3:17, Santiago 3:13-14 y 1 Corintios 2:6-7

Verdadera Sabiduría de Dios	Ignorancia
1 Corintios 1:18-31	1 Corintios 1:18-31
Santiago 3:17	Santiago 3:17
Santiago 3:13-14	Santiago 3:13-14
1 Corintios 2:6-7	1 Corintios 2:6-7

DIA 6
LEER La Reflexión de la Siguiente Página
1.   Comente sobre algo que aprendió o encontro esclarecedor.

Reflexión
El Poder de la Palabras

Extractos de la Enseñanza sobre <u>El Poder de la Lengua por Pam Criss</u> Retiro de Mujeres CHRP, 7/8, Marzo 2009

¿Quién entre nosotros no ha mencionado algo que en el momento de decir las palabras nos gustaría oprimir el botón de rebobinado y regresarlas, traer las palabras de nuevo? Pero la vida no tiene un botón de rebobinado excepto tal vez en nuestras mentes donde reproducimos palabras mal dichas una y otra vez.

La lengua es un músculo poderoso, apareciendo con frecuencia como el músculo más fuerte en el cuerpo en las listas de hechos sorprendentes. Hay algunas excelentes analogías para explicar el poder de la lengua en Santiago Capítulo 3. Dice: *"Cuando ponemos el bocado en la boca de los caballos para que nos obedezcan, dominamos todo su cuerpo. Lo mismo sucede con los barcos: por grandes que sean y a pesar de la violencia de los vientos, mediante un pequeño timón, son dirigidos por donde quiere el capitán. De la misma manera, la lengua es un miembro pequeño, y sin embargo, puede jactarse de hacer grandes cosas. Miren cómo una pequeña llama basta para incendiar un gran bosque. También la lengua es un fuego: es un mundo de maldad puesto en nuestros miembros, que contamina todo el cuerpo, y encendida por el mismo infierno, hace arder todo el ciclo de la vida humana."* **(Santiago 3: versos 3-6)**

Piensen en las cosas que han ocurrido sobre lo que ALGUIEN DIJO; espíritus que han sido quebrantados, suicidios cometidos, terroristas reclutados, personas despedidas, iglesias abandonadas y relaciones despedazadas. Nuestras palabras son < muy> potentes.

Proverbios 18:21 *"La muerte y la vida dependen de la lengua, y los que son indulgentes con ella comerán de su fruto."*

Recientemente mi hijo de 14 años de edad habló en la ceremonia de Iniciación de la Sociedad Nacional Juvenil de Honores. Yo había estado estudiando durante esa semana sobre el poder de la palabras, así que pensarían ustedes que contaría con la cosas correctas para decirlas esa noche. No fue así. El se acercó a mí después de la ceremonia viéndose muy orgulloso y aliviado de que ya había terminado, y lo que dije fue "tu voz no fue lo suficientemente fuerte." "Lo siento, Mamá," me dijo "No soy un buen orador." Beth Olson, una madre cuya hija también estaba allí esa noche y que es miembro de la iglesia San Gabriel me señaló sobre mi comentario hecho, a lo que dijo "Qué te parece si solo dices, buen trabajo, Tyler." ¡Oh, ella tenía razón! Espera, ¡oprime el botón de rebobinado! Eres un buen orador, Cariño, hiciste buen trabajo. Demasiado tarde, el daño estaba hecho.

Como esposas, madres, hijas, compañeras de trabajo y amigas, nuestras palabras pueden hablar vida o hablar muerte; pueden construir a una persona, o hacerla pedazos. Pero ¿cómo entrenamos a nuestra lengua? ¿Cómo aprendemos a hablar de vida y hablar de AMOR?

En primer lugar debemos hacer lo que Jesús hizo. Jesús siempre supo las palabras correctas para decir. Podemos pensar en muchas cosas que Jesús dijo que eran tan profundas, tan acertadas. Por ejemplo en respuesta a la mujer que cometió adulterio en el versículo de Juan capítulo 8 del verso 7, Jesús dice "Aquel de ustedes que no tenga pecado, que le arroje la primera piedra." Y por supuesto Juan 13 versículos 34 y 35: "Les doy un mandamiento nuevo: "que se amen los unos a los otros" que como Yo los he amado, así también se amen los unos a los otros. En esto conocerán todos que son mis discípulos, si se tienen amor los unos a los otros." ¿Cómo sabía Jesús justamente lo que tenía que decir?

Cada mañana antes de pasar tiempo con quien fuera Jesús pasaba tiempo a solas con Dios. Necesitamos pasar tiempo en oración pidiéndole a Dios que nos enseñe a hablar. Si Jesús necesitaba estar a solas con el padre cada día antes de hablar con otros, es lógico que nosotros hagamos los mismo. Muy específicamente pídale a Dios que le guíe en sus palabras durante todo el día. Si estás en una situación y no sabes qué decir llame al Espíritu Santo en ese momento para que le de las palabras. Recuerde las palabras de la Biblia, fortalezca su voluntad mediante la oración y de la espalda a lo que le incita a alejarse de Dios.

Proverbio 12:18 *"Las palabras desconsideradas hieren como una espada, la palabra de un sabio es el remedio."*

El día de una persona puede dar un giro inesperado con las palabras adecuadas en el momento correcto. Una vida puede cambiar por las palabras hechas en el momento justo. Muchos de nosotros hemos leído la historia del correo electrónico sobre el adolescente que estaba en su camino a casa desde la escuela para suicidarse. Él había limpiado su casillero para que sus padres no tuvieran que hacerlo cuando él ya no estuviera. Llevaba tantos libros que se le cayeron mientras caminaba hacia su casa. Uno de los chicos populares de la escuela se detuvo y lo ayudó a recoger los libros y habló con él por un minuto. En esos segundos y con esas pocas palabras el muchacho cambió de parecer y decidió no quitarse su vida. Él llegó a ser el mejor estudiante de su generación y compartió su historia durante su discurso de graduación creando una gran conmoción ante la escuela, sus padres y el muchacho que le ayudó a recoger sus libros.

Proverbio 8:6 *"Escúchenme, tengo cosas importantes que decirles. Todo lo que digo es correcto."*

Yo estaba en un juego de béisbol de mi hijo de 7 años el año pasado, cuando una madre le gritaba a su hijo, "¡GOLPEA LA BOLA, HIJO!" ella lo dijo una y otra vez. Ahora, en serio, ¿Cree que este niño parado sobre la base no deseaba pegarle a la pelota? ¿Cree que él no sabía que tenía que pegarle a la pelota? Las palabras de la madre desgarraban al muchacho, no lo estaba alentando. Y no, no era Yo esta vez, la mamá que estaba diciendo esas cosas.

Salmo 34:14 *"Guarda tu lengua del mal, tus labios de palabras mentirosas."*

El diablo siempre nos tienta a difundir rumores, participar en chismes, decir algo malo a nuestros maridos y criticar a nuestros hijos.

Tenemos la oportunidad con cada persona que nos reunimos y con cada palabra que hablamos para construir el Reino de Dios o para destruirlo. Cuando la mesera no toma la orden correctamente podemos criticar y quejarnos o mostrarle amor y compasión. Y a veces lo mejor que se puede hacer es NO DECIR NADA.

Una de las cosas que siempre digo a mis hijos es "¿tu madre no te enseñó, que si no tienes nada bueno que decir <u>simplemente no dices nada?</u>"

La boca espiritual exhorta y edifica: no critica. Magnifica puntos fuertes en otros, no debilidades. Todos conocemos alguien cuya boca está entrenada para ser espiritual. Esa persona puede hacerte sentir mejor en unos pocos minutos de estar en su presencia. Una de las madres que conocí a través de la escuela de mi hijo, Connie McGillen era de ese tipo de persona. Asistí al funeral de ella el pasado fin de semana porque después de 6 años perdió su batalla con el cáncer. Como sucede tan a menudo, una vez que Connie se había ido, cada conversación que había tenido con ella se convirtió aún en más importante para mí.

Y cuando estaba pensando en ella me di cuenta de que Connie nunca habló mal de nadie, y que ella siempre fue muy positiva y alentadora. Ella con frecuencia habló de su fe y siempre tenía algo agradable que decir acerca de su esposo e hijos. Ella podría hacerte sentir bienvenido y aceptado en pocos momentos de estar con ella. Connie sabía que ella estaba muriendo pero hablaba palabras de vida y amor en cada encuentro de cada día. Realmente tenía una lengua espiritual.

Todos aprendamos de Connie y trabajemos para entrenar nuestras lenguas. Si escuchas a alguien hablar sobre alguien más, se la persona que apaga el fuego en lugar de agregarle combustible. Y hazlo de tal manera como para no avergonzar a aquellos con los que estas hablando. Seamos dadores de vida con nuestras palabras, no dadores de muerte. Decir cosas bonitas y aprender a escuchar. Dios nos dio dos oídos y una boca, por lo que SU intención para nosotros es que debemos escuchar el doble de lo que hablamos.

Pensemos en lo diferente que nuestro mundo se vería hoy si todos habláramos con amor. Si nuestras lenguas estuvieran entrenadas y nuestras palabras guiadas por el Espíritu. Creo que raramente, si acaso, nos sentiríamos con la necesidad de apretar el botón de rebobinado.

Escrito por: Pam Criss

NOTAS

SEMANA DE FE 6   Pan de Vida

Señor lléname con el conocimiento de tu voluntad con toda sabiduría y entendimiento espiritual. Quiero vivir de manera digna a tí Señor, y quiero ser totalmente agradable a tí, dando fruto y creciendo en conocimiento de tí Señor. Debido a tu facultad gloriosa yo soy fortalecido con el poder.

DIA 1

LEER Mateo 14: 13-21   Alimentación de los Cinco Mil

1. ¿Alguna vez Dios ha multiplicado algo para ti milagrosamente? ¿Es esto posible? Enliste algunas cosas que Dios pudiera multiplicar para nosotros.

2. ¿Qué hace Jesús antes de dar el pan a la gente? (ver Juan 6:11, Mateo 26: 26-27)

LEER 2 Reyes 4:42-44

3. Comente:

Leer Salmo 37:25 y Mateo 6:11

4. ¿Qué nos dicen estos pasajes de las escrituras a nosotros y a nuestras familias? ¿Qué nos promete Dios?

Multiplicación de los Panes y los Peces. Cuando pensamos en multiplicar, generalmente pensamos en cosas, por decir, ropa, papel, libros, cosas que tenemos y de las cuales necesitamos más. Pero hay mucho más que se puede multiplicar: amor, paciencia, motivación, comprensión, espacio, tiempo, las cosas intangibles. Cosas de las cuales también necesitamos más pero no las vemos. En Mateo 14 Jesús tomó lo que tenían, cinco panes y dos peces y alimento a las multitudes con eso. Dios no necesita mucho; por su palabra el universo fue creado. Dios toma lo que tenemos y lo aumenta uno, dos, o cien veces. En sus manos todo es posible; el cielo es el límite. Él es el maestro de la multiplicación, el rey del universo, creador de todo, el genio de la multiplicación.

Hace algunas semanas tuve una experiencia donde Dios multiplicó el tiempo para mí. Yo había estado fuera de la ciudad y regrese a casa por unos días y tenía varias listas de pendientes por hacer antes de volver a estar fuera de la ciudad y así adentrarme en los planes de la boda de nuestra hija. Tenía un día entero por delante y le pedí a Dios específicamente que me ayudara a llegar a mis citas, que consiguiera hacer todos mis mandados y que me acompañara todo el día. (Y poder hacer todo esto sin obtener una multa por exceso de velocidad o terminar estresada).

Todo comenzó con un recordatorio de que nuestro grupo de oración de los jueves por la mañana se reunía a las 9:00 a.m. Se me había olvidado, estaba en mi computadora, y ya eran 9:00 am. Le llamé a una de las compañeras del grupo para ver si todavía nos reuniríamos, ella me contestó que no podría asistir, pero que en lo referente a mi, me fuera ya que quizá empezarían un poco más tarde de las 9 a.m. Agarré el bolso, me apresuré en el coche y llegue a tiempo. En efecto, habían empezado un poco más tarde ese día. Después de la oración conduje hacia la ciudad de Plano para recoger algo que necesitaría llevar conmigo para la boda y luego me detuve de regreso en casa para refrescarme un poco. (Ya que había salido apresurada a las 9:00 am, y no estaba realmente lista para el resto del día).

Procedí a reunirme con un amiga para un almuerzo delicioso y relajante y luego me dirigí a la tienda "Bed, Bath & Beyond" para comprar un regalo para una despedida de soltera a la cual no podría asistir. Así que quería entregar el regalo antes de salir de la ciudad. (¡Incluso encontré mi cupón de la tienda en el coche!) Enseguida me dirigí al dentista (añadiré que llegue temprano, por primera vez), deje el regalo en la casa donde sería la despedida de soltera y después me dirigí a la casa para llegar a la cita acordada con la persona del servicio de mantenimiento del aire acondicionado, ya que ajustaría algo en la unidad de aire de nuestra recámara. (Tuve tiempo hasta para hacer la cama, les recuerdo que salí apresurada a la oración esa mañana).

Hice todo eso sin ninguna multa de tráfico por exceso de velocidad, libre de estrés y totalmente productiva. Había iniciado con la oración y la alabanza, pidiendo por ayuda, y entonces sentí el poder de Su gracia conmigo todo el día. A través de los obstáculos y desafíos, Dios había multiplicado mi tiempo ese día y me permitió sentir su presencia en mi vida. Y por eso estoy más que agradecida. Él está allí para nosotros de muchas maneras que van más allá de nuestra comprensión. Pídele que multiplique para ti lo que sea que necesites. Podemos empezar hoy con fe. **Juan 14:14** *"Si tu pides por algo en mi nombre, lo haré."*

Escrito por: Kate Johnston

DIA 2

Moisés es el mensajero de Dios, el mediador, líder, juez, maestro y profeta y él es el instrumento de Dios en la liberación de la esclavitud de la nación israelita en Egipto donde fueron esclavizados durante más de 400 años. Dios los lleva fuera de Egipto y a la tierra prometida y por el camino del desierto y lugares inhabitados, Dios alimenta cada día a su pueblo con Maná del cielo. Dios no dejará que su pueblo muera de hambre.

LEER Éxodo 16:1-15

4. Describa el Maná.

5. ¿Que les instruyó Dios sobre lo que se debía de hacer con respecto al "Maná" y por qué?

6. Comente algo que haya aprendido.

LEER Éxodo 16:16-35

4. Describe the Manna.

5. What did God instruct them to do regarding the "Manna" and why?

6. Comment on something you learned.

SEMANA DE FE 6   PAN DE VIDA

DIA 3
LEER Juan 6: 25-40

1. ¿Para qué tipo de alimento quiere Jesús que trabajemos y dónde podemos conseguirlo?

2. ¿Cómo Jesús contesta a la pregunta, "¿Cuáles son las obras de Dios?" (Ver versos Juan 6:28-29)

3. ¿Cuál es el Verdadero pan del cielo?

4. ¿Qué les promete Jesús aquellos que vienen a él y a los que creen en él? (Verso 35)

5. ¿Cuál es la voluntad de Dios?

6. Jesús quiere que todos sepan que él no vino por su propia cuenta, pero que Él y el Padre son uno. En este pasaje Jesús se conecta al Padre y a las obras de Su Padre. Enlistar todos los ejemplos sobre esto.

DIA 4

READ LEER Juan 6: 41-51

1. Jesús declara Yo soy... tres veces. ¿Qué es lo que él declara y que es lo que Jesús nos está diciendo?

Yo soy _____

Yo soy _____

Yo soy _____

2. ¿Quién envió a Jesús?

3. ¿Qué es lo que Jesús está diciendo sobre sí Mismo y su Padre? (Ver versículos 43-46, también versículo 57)

4. ¿Cómo llegamos al pan de vida? (Ver versículos 45-47)

5. ¿Cómo recibimos esta vida eterna que Jesús nos ofrece?

6. ¿Cómo Jesús se compara a sí Mismo con el Maná? (Ver versículos 49, 50 y 58)

7. ¿Qué es lo que Jesús quiere decir en el versículo 45? (Ver también Jeremías 31:33-34 e Isaías 54:13)

DIA 5
LEER Juan 6: 52-56 NAB

(Juan 6:52- 56) Los Judíos, discutían entre sí mismos, diciendo: "¿Cómo puede éste hombre darnos a comer Su carne?" Entonces Jesús le dijo: "En verdad les digo, que si no _____ la carne del Hijo del Hombre y _____ Su sangre, no tienen _____ en ustedes. El que _____ Mi _____ y _____ Mi _____, tiene _____ _____, y Yo lo resucitaré en el día final. Porque mi _____ es _____ comida, y Mi _____ es _____ bebida. El que _____ Mi _____ y _____ Mi _____, permanece en Mí y Yo en _____.

---

1. ¿Qué prometió Jesús a aquellos que comieran su carne y bebieran su sangre?

DIA 6

1. ¿Cómo la historia de la multiplicación de los panes y los peces junto con el Maná y el cuerpo y la sangre de Jesús se relacionan entre sí?

LEER la Reflexión

2. Comente sobre algo que aprendió o encontró esclarecedor.

Reflexión

La conclusión es que Dios desea una relación con nosotros, Su creación y Él ofrece hacer la mayor parte del trabajo en esta relación. Todo lo que tenemos que hacer es aceptar reverentemente y con humildad Su regalo de vida, reconociendo nuestra dependencia en Él.

Adán y Eva no carecían de nada en el jardín. Caminaron con Dios 'en el frío de la noche'. Esto es lo ideal; pero nuestros primeros padres, en su orgullo, le dijeron a Dios, 'No', esencialmente dijeron, 'Yo puedo hacer esto por mi mismo' y desde entonces ha sido un largo viaje de regreso. Pero Dios no nos abandona con un 'lo siento, chicos lo estropearon. Estaré esperando aquí para cuando ustedes se den cuenta'. No es así, Él ha guiado y sostenido a su gente a través de todas las generaciones de la historia de la salvación.

Los 40 años en el desierto fue una especie de campamento, un retiro, un taller, o como gustes pensar sobre ello. Aléjate de las distracciones; llega a lo básico; aprende disciplina; aprende el ritual; aprende a depender de Dios. Si recolectas el maná, no tendrás hambre. Sin tratar de engañar al sistema al almacenarlo, salvo cuando está indicado hacerlo para el Sabbat. ¿Por qué es esto tan difícil para nosotros entenderlo? ¿Por qué gastamos tanto tiempo y energía buscando una forma nueva, mejor y más eficiente? Oramos, ' Danos hoy nuestro pan de cada día ', no ' Llena la despensa. Tomaremos lo que queremos cuando lo queremos y te dejaremos saber cuando se nos esté acabando algo.' Confiemos mejor en Dios que sabe qué, cuánto y cuándo necesitamos ser alimentados. Debemos estar al tanto día a día, o mejor aún, oremos sin cesar.

¿Y qué hay de esas multitudes alimentadas con unos pocos panes y peces? Algunos han señalado que seguramente las mujeres por lo menos han debido llevar algunos aperitivos para mantener a los niños tranquilos, pero de una u otra manera, al final del día, hubo más sobras de alimento que cuando comenzó el día y eso es un milagro. ¿Por qué es tan difícil de creer que el creador del universo pueda crear un poco más? El hecho es que la gente salió ese día sin saber cuándo la cena iba a ser servida y Dios/Jesús se hizo cargo del cuidado tanto físico, como espiritual, de saciar su hambre. Este es el punto común en todos los casos que hemos estado viendo esta semana.

Dios utiliza los elementos comunes de nuestra experiencia humana para mostrar los elementos de su existencia eterna. Él no desprecia en asumir nuestra naturaleza humana en esta relación. Él vivió entre nosotros, murió por nosotros y nos ofrece a Su ser encarnado como alimento real. No, nos da una fe que es solo un ejercicio para nuestras cabezas. En términos nada inciertos estamos dirigidos a comer la misma carne de nuestro Señor y beber Su sangre para tener vida, para alimentarnos de Él, de llevarlo dentro de nosotros mismos para que El pueda vivir en nosotros y nosotros en Él. Los que saben griego han dicho que Lucas aquí utilizó un término para 'comer' que significa ' roer' o 'masticar', no sólo consumir.

Pan y vino podemos entender, ¿pero carne y sangre ? Eso va en contra de nuestra sensibilidad. Algunos discípulos se alejaron de allí. La comida gratis y el entretenimiento son estupendos, pero cuando se empieza a pedir que se haga un compromiso es el momento en que muchos empiezan a retirarse. Pero Jesús no los persigue para explicarles que sólo estaba hablando en sentido figurado. ¡Él lo dijo literalmente! ¿Por qué? Esto se remonta a las directivas de la Pascua (cuando las casas de los hijos de Israel fueron sobrepasadas) durante el Éxodo. El pueblo hebreo, con el fin de protegerse de la décima plaga, por lo que el Ángel de la Muerte pasaba sobre ellos, fueron a poner la sangre del cordero sobre los dinteles y postes de la puerta de sus casas (piensa en esto la próxima vez que pones la taza de comunión en tus labios.) y comer la carne de cordero rostizada en la comunidad. Lo viejo prefigura a lo nuevo. En el nuevo pacto nosotros simplemente debemos comer la carne del cordero sacrificado por Dios, Jesús, para que el Ángel de la Muerte nos pase de lado y tendremos vida eterna. Es nuestro pan para el viaje, nuestra mayor fuente de gracia.

Y una cosa más sobre la sangre. Muchas culturas antiguas vieron la sangre como vida. El espíritu de un animal residía en su sangre. Beber la sangre de un animal se pensaba que daba el espíritu, la fuerza u otros rasgos positivos de ese animal. Es precisamente por eso que no bebemos sangre. No estamos para tomar los espíritus de los animales. Los animales son de naturaleza inferior que nosotros los seres humanos. Pero en cambio, esta sangre es la de Dios. Queremos tener en nosotros su espíritu, tomar su naturaleza, tener una participación en su vida divina, así que bebamos. Su sangre es Su regalo más íntimo de Su ser divino, el regalo de un Dios que desea una relación con nosotros y nos ofrece una parte en Su obra divina, si sólo le aceptamos.

Escrito por: Joanne Engelke

NOTAS

SEMANA DE FE 7   Alianza

"Que la paz de Cristo reine en sus corazones" Ven Espíritu Santo, que la palabra de Dios habite en nosotros abundantemente esta semana mientras estudiamos su palabra. Que podamos llegar a ser uno contigo." **Colosenses 3:15**

> Los días de fiesta en el Antiguo Testamento debían ser honrados. Eran asambleas sagradas establecidas por Dios y debían mantenerse. Debían celebrarse anualmente. Eran estatutos perpetuos a celebrarse con ayuno, oración y acompañado con sacrificios y ofrendas. Éstas no eran sus fiestas comunes tal como las conocemos hoy en día, eran ordenanzas eternas. Nadie trabajaba. Estas fiestas se celebraron en honor de nuestro Dios en quien la gente creía y dependía para la cosecha, el agua, para la vida en sí misma.
>
> Vamos a comenzar esta semana con un vistazo a la Fiesta de la Pascua. Pascua es el resultado de la última plaga contra los egipcios. Dios está llamando al Faraón para liberar a su pueblo. Dios está siendo definitivo en su advertencia y cuando el Faraón se niega, Dios envía las plagas. Finalmente Dios dice que morirá todo primogénito en Egipto. Leer más sobre la última plaga. **(Éxodo 11:1-7)**

DIA 1

LEER Éxodo 12:1-30

1. ¿Qué es lo que el Señor manda a los Israelitas hacer con los corderos en la noche de la Pascua?

2. ¿Qué hizo el Señor esa noche a los Egipcios? (Ver Éxodo 11:4-5)

3. ¿A los Israelitas?

4. ¿Qué deben hacer los Israelitas en el futuro?

5. ¿Qué es lo que la Pascua significa o conmemora? Ver versos 12:27 (Para más información ver notas en Lucas 22:15 y en Marcos 14:1 en la Biblia Latinoamericana)

VUELVA A LEER Éxodo 12:1-13 La Comida Pascual

6. ¿Cuál es el significado del Cordero y su sangre?

7. ¿Por qué Dios quiere que los Israelitas observen esta ceremonia año tras año?

DIA 2
LEER Éxodo 19:1-7

1. ¿Dónde están los Israelitas?

2. ¿Qué es lo que Dios les pide a los Israelitas que sean para él?

3. ¿Cuál fue la respuesta de los Israelitas a Dios?

DIA 3
LEER Éxodo 23:20- hasta el final
Dios está entrando en una Alianza con Israel por medio de Moisés, a veces llamado el Pacto Mosaico. Él está prometiendo ser su Dios y darles las leyes a obedecer.

1. ¿Qué promete Dios a los Israelitas? Escribir tanto como se pueda.

2. ¿Quién era este ángel y cuál era su trabajo? (Ver Éxodo 14:19, Éxodo 32:34, Éxodo 33:2-3)

LEER Éxodo 24:1-11

3. ¿Cuál fue el papel de Israel en el Pacto y cómo respondieron?

4. ¿Cómo sélla Moisés el Pacto?

5. ¿Qué sucede en los versículos 9-11, de esto qué te hace recordar?

DIA 4
LEER Lucas 22: 1-13

1. ¿Qué fiesta celebró Jesús con Sus apóstoles? (Se le conoce por medio de dos nombres)

2. ¿Cuál era el papel de los Jefes de los Sacerdotes para el establecimiento de la Nueva Alianza?

LEER Lucas 22:14-20 El Antiguo Pacto encuentra a Jesús en forma directa.

3. ¿Cómo Dios sella el Nuevo Pacto? (Ver Éxodo 24:8)

4. ¿Por qué se refieren a Jesús como el Cordero Pascual?

5. ¿Qué es lo que se establece aquí como pacto?

6. Comente sobre la Última Cena y su significado.

DIA 5

1. ¿Qué logra el derramar la sangre? Escriba sus respuestas en la tabla de cada versículo.

Levítico 1:1-4	
Levítico 17:11	
Hebreos 9:22	

LEER Romanos 6:23

2. ¿Qué significa "paga"?

3. ¿Cuál es el costo del pecado? (Ver Romanos 5:12, Santiago 1:15)

4. ¿Qué exige Dios como pago por los pecados?

5. ¿Por qué se tenía que derramar sangre?

> El pecado le costó su vida a Jesús. Él la dio por su propia voluntad debido a su amor por nosotros. Tu pecado le costó a Jesús su vida. Él dio su vida por su propia voluntad debido a su amor por ti. Si hubieras sido la única persona viva en la tierra, Dios habría enviado a su hijo a morir en tu lugar. Dios envió a su hijo Jesús a morir en lugar de ti. Así es lo mucho que Él te ama; dio a su hijo como pago por ti. Él dio a Su Hijo por ti porque tu lo vales. Para Él, tu vales cada gota de sangre derramada. Jesús derramó todo; lo dio todo. Él lo hizo sin reservas.
>
> Él no se reservó nada por nosotros, y su deseo es que nosotros no reservemos nada por Él. Ya que a Jesús le costó todo, no crees que deberíamos dejar que lo tome. Por qué nos aferramos al pecado, a la vergüenza y a la culpa cuando Él nos lo quitó de nosotros y tomó el castigo por nosotros. El nos dejó libres y limpios, curados y sin mancha, por siempre y para siempre. *"Como el oriente está lejos del occidente así aleja de nosotros nuestros pecados."* (**Salmo 103:12**) Es así de cómo realmente somos libres y transparentes. Él nos ha lavado como la nieve blanca…
>
> **Isaías 1:18** *"Vengan, para que arreglemos cuentas. Aunque sus pecado sean colorados, quedarán blancos como la nieve; aunque sean rojos como púrpura, se volverán como lana blanca."*
>
> Él incluso no recuerda nuestros pecados. Isaías 43:25 "Soy yo quien tenía que borrar tus faltas, y no acordarme más de tus pecados." Por lo tanto, ¿por qué dejamos que nuestros pecados o pecaminosidad nos mantengan alejados de Dios? Él sabe cuando pecamos. Nosotros no podemos ocultarlo. Él pagó no solamente por tus pecados pasados pero tus pecados actuales así que ten prisa y arrepiéntete y continua adelante. No permanezcas y te desgastes recordando los pecados pasados. No permanezcas en la corte, escuchando al acusador, cuando ya has sido perdonado y liberado. Perdónate a ti mismo y se libre. Jesús pagó un alto precio por tu libertad. No permanezcas en la cárcel. Él te ve y te quiere, y Él sabe que eres débil, Él incluso sabe que vas a volver a pecar. Sin embargo, Él murió por ti.
>
> **Isaías 44:22** *NAB "He disuelto tus pecados como neblina, y tus faltas como se deshace una nube. Vuélvete a mí, pues yo te he rescatado."*
>
> **Isaías 53:5** *NAB "y eran nuestras faltas por las que era destruido, nuestros pecados por los que era aplastado. Él soportó el castigo que nos trae la paz y por sus llagas hemos sido sanados."*

DIA 6

1. ¿Cómo participamos en la Nueva Alianza?

1 Corintios 10:16	
Juan 6: 27-29	
Hebreos 10:25	
Romanos 10:13	
Romanos 10:13	

LEER Reflexión abajo

2. Que aprendiste a cerca de Pascuas y el Nuevo Acuerdo?

Reflexión

"Pascua" Pascua no fue un sólo evento en la historia de Israel.

El significado de la Pascua es épico y un evento/fiesta que Dios quería que su pueblo recordara y celebrara año tras año. Pascua marcó la liberación del pueblo elegido de Dios, de Egipto y también sirvió como una anticipación de Jesús como el cordero Pascual que salvaría al mundo de la esclavitud al pecado..

La sangre del cordero salvó al pueblo de Israel de la ira de Dios esa noche en Egipto, cuando el ángel de la muerte pasó sobre cada hogar, saltándose al que tuviera la sangre del cordero en su puerta. Jesús es el cordero de Dios. Su sangre cubre a todos los que vienen a él para la salvación. Su sangre nos salva de la ira de Dios contra el pecado.

Jesús es el cumplimiento de la Pascua. Él es el perfecto "Cordero Pascual" que fue inmolado por nosotros. La sangre del cordero había cubierto el poste de la puerta, pero la sangre de Jesús, el CORDERO DE DIOS cubre a nosotros. No sólo cubre nuestros pecados, sino los borra. La Pascua del Antiguo Testamento ya no está en efecto; se ha cumplido en Cristo quien libró a su pueblo permanentemente y de manera efectiva y totalmente de la esclavitud del pecado. Como iglesia celebramos la Eucaristía como nuestra cena de Pascua. La cena del Señor ha reemplazado la Cena Pascual. Celebramos la Pascua cada año cuando se conmemora lo que Jesús ha hecho por nosotros a través de su muerte, sepultura y resurrección.

¿Quién sino Dios podía cambiar Pascua? Pascua es la cumbre y la fuente de la fe de los Israelitas. Y Jesús, en la última cena de Pascua, ESTABLECIÓ un NUEVO pacto. Él se estableció como Dios. JESÚS ES EL SEÑOR, Él ES DIOS, quién sino Dios podía cumplir con el viejo Pacto y establecer uno nuevo y mejor. Jesús es la Nueva Alianza, y Él está a punto de establecerlo con su sangre que derramará en la cruz. Él es el cordero sacrificado, el cordero pascual, el verdadero cordero, el único cordero perfecto, el cordero sin mancha.

Él es el cordero sacrificado por los pecados de la gente. ¡Jesús fue clavado a la cruz durante la Pascua!!! Sacrificado para SALVAR a la gente, como la sangre del cordero durante la noche de la Pascua, aplicada a los marcos de las puertas salvo a la nación, Jesús es nuestro salvador y nos salva con Su sangre derramada por nosotros. Él es nuestro salvador, el cordero que fue inmolado, el Cordero de Dios. Dios escogió este cordero perfecto para sí mismo. Jesús no sólo es el Cordero sino el Sumo Sacerdote que ofrece la sangre.

Un Nuevo Pacto

Jesús es nuestro sustento.
Él es el puente entre el cielo y la tierra. A través de él, tenemos en un pacto con el Padre. No vino para imponernos un conjunto de reglas bajo las cuales debíamos vivir; aquel era el Antiguo Pacto. Jesús vino para volvernos uno con él, y para tener una relación con nosotros. Él vino para convertirnos en sus hijos

Dios hizo un pacto contigo. Él no estaba obligado a hacerlo.

Nos hizo promesas, y se comprometió con nosotros. Él prometió protegernos. Él prometió ser nuestro Dios, y selló este pacto con la Sangre de Jesús. No estaba obligado a hacerlo.
Él nos dio su propio cuerpo en la Eucaristía, con el cual participamos en este NUEVO PACTO. Participamos o consumimos el cordero del sacrificio por nosotros. Él vino para darnos vida, y quiere que elijamos la vida que hay en él. Cuando comemos su pan y tomamos su vino, estamos declarando su muerte y resurrección al mundo entero. Hacemos saber a todos qué creemos en que él murió por nuestros pecados y resucitó para darnos una nueva vida.

La Eucaristía es nuestra manera de decir el sí a Jesús.

Nos recordamos a nosotros mismos, a aquellos que nos ven, e incluso le recordamos a Dios, que somos creyentes; que somos suyos. Le hacemos saber al mundo y al diablo que nacimos en el REINO de Dios y que no pertenecemos al mundo del mal. Somos los hijos propios de Dios. Cuando formamos parte de la Eucaristía, estamos compartiendo en el Nuevo Pacto.
Nos volvemos uno con Él y entre todos nosotros. Es nuestra declaración de quiénes somos y en quién creemos. Cuando consumimos el cuerpo de Jesús, nos acordamos del pacto y del sacrificio que tuvo que hacerse para ratificarlo, Jesús se volvió uno de nosotros y murió por nosotros. Él nos representa ya que es parte de la especie humana. Él tuvo que volverse uno de nosotros para poder representarnos. Sin embargo, cómo Él es Dios, puede ser el cordero perfecto y resucitar de entre los muertos, brindándonos una nueva vida.

Al igual que en el Viejo Pacto, o en el VIEJO TESTAMENTO, los toros y corderos fueron sacrificados para cubrir los pecados de las personas. Jesús fue asesinado en la cruz por nosotros y para siempre. Nos quitó nuestros pecados por el resto de los días, liberándonos de la culpa, la vergüenza, y de la esclavitud del pecado.

Jeremiah 31:31-33
Llegará el día, dice el Señor, cuando celebraré un nuevo convenio con el pueblo de Israel y Judá....3 Este es el nuevo convenio que voy a celebrar con ellos: Grabaré mis instrucciones en el corazón de ellos, para que tengan la voluntad de honrarme; entonces serán verdaderamente pueblo mío y yo seré su Dios.

Cuando participamos del sacramento o del sacrificio de Cristo, ratificamos nuestra afiliación en el nuevo pacto. Afirmamos quienes somos. Le recordamos a Dios que tenemos en cuenta lo que Cristo hizo por nosotros. Cada vez que comulgas, le estás diciendo que Sí a Jesús; sí al Padre. Jesus hizo el trabajo. Jesús hizo el trabajo duro. Nuestro trabajo es recibir y formar parte.

El padre decidió tener una relación de Pacto con nosotros a través de Cristo Jesús.

Él no puede arrepentirse de sus palabras y no lo hará.
Él no puede arrepentirse de lo que dijo porque la sangre derramada fue permanente. No puede "retirar la sangre derramada". Incluso si se arrepintiera, no podría hacerlo. ¡No quiere hacerlo!

Dios no obtiene nada de Su Pacto contigo, solo a TI. Tú, en cambio, obtienes todo. La Biblia dice que todas las promesas de Dios son el sí y el amén en Cristo Jesús, nuestro señor (2 Corintios 1:20). Hay tanto más sobre Dios de lo que nosotros conocemos. Dios hizo un pacto de promesas con nosotros a través de Jesús. Podemos acceder a cada una de las promesas que Dios hizo, pero solo a través de Jesús. Él es el camino. Jesús creó el Pacto con Dios para nosotros, y murió por nosotros para asegurarlo para siempre. Todo lo obtenemos a través de Él.

No estaba obligado a hacerlo. Él decidió hacer un pacto con nosotros. No podemos ganárnoslo ni trabajar por él. Es nuestro a través de nuestra relación con El. ¡Él nos ha elegido! Nos eligió para que seamos uno en Cristo. El Padre eligió ser nuestro Dios y a través de la relación de Pacto, obtenemos todos los beneficios. Él firmó el pacto con la Sangre sacrificial de su propio hijo, Cristo Jesús. Jesús se convirtió en una maldición para que nosotros podamos recibir todas las bendiciones.

Galatians 3:13-14
"Cristo nos redimió de la maldición de la ley, tomando sobre sí mismo la maldición por amor a nosotros. Porque dicen las Escrituras que es «maldito el que es colgado en un madero». 14 Y así sucedió para que ahora Dios pueda dar también a los gentiles la misma bendición que prometió a Abraham; y para que nosotros podamos recibir la promesa del Espíritu Santo a través de esta fe."

Las personas fallecen y caminan por una vida sin esperanzas, sin frutos, y todo porque no conocen las riquezas que les pertenecen a aquellos que son hijos del Señor. Jesús eligió ser un maldecido para que podamos heredar la tierra (el Reino de Dios) y estar bendecidos. Dios nos compró a todos nosotros un pasaje con todo incluido a la eternidad. Necesitamos disfrutar de todos los beneficios de ser hijos del Reino. Estos beneficios por los que Dios pagó un precio alto. Lo hizo porque somos importantes para él.

Jesús es todo.

Ahora tienes que renovar tu alma, tu mente, tu voluntad, y tus emociones. Tu alma ha sido entrenada en la carne, pero ahora es momento de entrenarla en el Espíritu. Es momento de crecer. La Biblia dice que renueves tu mente.

Salmos 119:9-11
¿Cómo puede mantenerse íntegro el joven?, viviendo conforme a tu palabra. Me he esforzado cuanto he podido por hallarte: no permitas que me desvíe de tus mandamientos. He atesorado tu palabra en mi corazón, para no pecar contra ti.

Santiago 1:21
Por eso, despójense de toda suciedad y de la maldad que tanto abunda. De esa manera podrán recibir con humildad la palabra sembrada en ustedes. Esta palabra tiene poder para salvarles la vida.

Salmo 119:105
Tu palabra es una lámpara a mis pies, y una luz en mi sendero.

Hebreos 4:12
La palabra de Dios es viva y poderosa. Es más cortante que una espada de dos filos que penetra hasta lo más profundo de nuestro ser, y examina nuestros más íntimos pensamientos y los deseos de nuestro corazón.

Permanece en el mundo de Dios y verás cómo se renueva tu vida.

NOTAS

SEMANA DE FE 8   COPA DE SALVACION

Hijos míos, les he escrito estas cosas para que no pequen. Pero si alguno peca, tenemos un defensor ante el Padre: Jesucristo, el Justo. El es la Víctima propiciatoria por nuestros pecados, y no sólo por los nuestros, sino también por los del mundo entero. **1 Juan 2:1-2 NAB**

DIA 1

1. ¿Por qué necesitamos un Nuevo Pacto?, ¿Un sacrificio nuevo y mejor?

LEER Hebreos 7:1-10

2. ¿Quién es Melquisedec y qué sabemos de él? (Lea también en Génesis 14: 17-20)

3. ¿Cuál es el significado del diezmo o décimo y el de Abraham dándoselo a Melquisedec?

LEER Malaquías 3: 6-12

4. Qué promete Dios a los que diezman? ¿Qué nos está diciendo Dios?

LEER Malaquías 1: 6-final

5. ¿Qué tipo de ofrenda acepta / no acepta Dios?

DIA 2

LEER Hebreos 7: 11-17   LEER Hebreos 5: 1-10

1. El versículo 12 es profundo; ¿Qué está diciendo?

2. ¿Qué significa esto ... Jesús es un sacerdote en el orden de Melquisedec? (Ver también Hebreos 7: 23-25, 6: 19-20)

DIA 3

LEER Hebreos 7:18-28 LEER Hebreos 10:5-18

1. ¿Cuál es la diferencia entre el Viejo Sacerdote / Sacerdocio y el Nuevo Sacerdote / Sacerdocio? Escriba las palabras o frases en la tabla a continuación.

Viejo Sacerdote / Sacerdocio	Nuevo Sacerdote / Sacerdocio en Jesús

2. ¿Cuál es la diferencia entre el Viejo Sacerdote / Sacerdocio y el Nuevo Sacerdote / Sacerdocio? Escriba las palabras o frases en la tabla a continuación.

DIA 4

LEER Hebreos 8

1. ¿Por qué necesitamos un Nuevo Pacto; un sacrificio nuevo y mejor?

LEER Hebreos 9:9-22 y 10:1-4

2. ¿Por qué el sacrificio de Jesús es mucho mejor?

3. ¿Por qué fue su muerte tan importante??

4. ¿Qué aprendemos acerca de la sangre del pacto; la sangre del sacrificio; la sangre en general?

DIA 5
LEER Hebreos 9: 1-8, y 23-28 ¡Compare los Santuarios!

1. ¿En qué difieren los sacerdocios con respecto a los santuarios?

"Porque nos libró del dominio de las tinieblas y nos trajo al reino del Hijo amado en quien tenemos redención, el perdón de los pecados." Col. 1:13 Jesús pagó por nuestra libertad con Su sangre. Recuerde escuchar o leer acerca de Jesús siendo tentado en el desierto. El diablo vino a tentar a Jesús. El diablo vino para evitar que Jesús nos salve. El diablo no nos quiere libres de su control. Él quería frustrar el plan de DIOS. Él quería a Jesús manchado. Él quería a Jesús imperfecto para que no pudiera ser "El Cordero".

El cordero sin mancha, el cordero inmaculado. El diablo quiere que permanezcamos atados, con miedo y preocupación. Debido a que Jesús fue perfecto, Él fue sacrificado por nuestros pecados. Tenemos una opción, podemos permanecer en esclavitud al pecado o ser liberados. Ya ha sido pagado. Dígalo en voz alta cuando se enfrente al mal "Jesús es mi Señor". Recuérdale al demonio a quién perteneces. Sepa hoy que es libre porque su muerte es verdadera. Tú eres de Él.

Escrito por: Mark Wuenschel

DIA 6

2. ¿Cómo cumple Jesús el antiguo pacto? Vea la definición de CUMPLIR abajo.

1 Pedro 1:18-19	
Juan 1:29	
Hebreos 9:15	
Romanos 13:8	

Cumplir

1. Llevar a cabo, o llevar a la realización, como una profecía o promesa.
2. Realizar o hacer, como deber; obedece o sigue, como comandos.
3. Satisfacer (requisitos, obligaciones, etc.): un libro que cumple una necesidad sentida desde hace mucho tiempo.
4. Para llevar a su fin; terminar o completar, como un período de tiempo: sintió que la vida había terminado cuando uno había cumplido sus setenta años y diez más.

Tomado de http://dictionary.reference.com/browse/fulfill

LEER Notas

2. Comenta sobre algo que aprendiste o encontraste revelador.

Reflection:

SUMO SACERDOTE Jesús no solo es el Cordero, sino también el Sumo Sacerdote que ofrece la sangre. Cuando el Sumo Sacerdote rociaba la sangre en el propiciatorio, en el Lugar Santísimo detrás del velo cada año en el Día de la Expiación, la sangre "cubría" los pecados. El propiciatorio es la cubierta del Arca de la Alianza. Las tabletas rotas de los Diez Mandamientos estaban en el Arca de la Alianza. Cuando Dios miró hacia abajo, no vio las tablas rotas, ni los pecados de las personas lo que vio fue la sangre rociada en el propiciatorio (también llamado asiento de la gracia). Dios vio la sangre y estaba satisfecho.

AHORA JESÚS ES nuestro SUMO SACERDOTE. Él trae la ofrenda a Dios en el VERDADERO LUGAR DE SANTIDAD, el cielo mismo. El tabernáculo del Antiguo Pacto fue establecido en la tierra como una copia del tabernáculo perfecto en el cielo. Los sacrificios de sangre del Antiguo Testamento fueron un presagio de la cruz.

Jesús trae la sangre al mismo trono de Dios. ¡Su propia sangre ahora cubre / borra para siempre los pecados de la gente!

Nosotros somos el pueblo. En el primer pacto, Dios le dice a Abraham, tú serás mi pueblo y yo seré tu Dios. A través de Jesús SOMOS SU GENTE. De la Nación de Israel a muchas naciones. Cuando Dios vio la Sangre de Jesús, quedó satisfecho. Jesús no solo murió, sino que resucitó de entre los muertos para destruir la muerte. Él destruyó la muerte para que podamos vivir y porque ÉL VIVE Él es nuestro mediador. Él no es solo el CORDERO, y EL SUMO SACERDOTE del Nuevo Pacto, sino también el MEDIADOR de la Nueva Alianza. Ahora se sienta a la diestra del Padre intercediendo para siempre por nosotros a causa de su resurrección. Jesús dice

"Yo soy el camino, la verdad y la vida; nadie va al Padre sino por mí." **Juan 14: 6**

Lea Levítico 16 si desea leer más sobre el Día de la Expiación.
El día en que los israelitas ofrecieron el sacrificio a través del Sumo Sacerdote una vez al año por los pecados de la nación.

1323

"Nuestro Salvador, en la última Cena, la noche en que fue entregado, instituyó el Sacrificio Eucarístico de su cuerpo y su sangre para perpetuar por los siglos, hasta su vuelta, el sacrificio de la cruz y confiar así a su Esposa amada, la Iglesia, el memorial de su muerte y resurrección, sacramento de piedad, signo de unidad, vínculo de amor, banquete pascual en el que se recibe a Cristo, el alma se llena de gracia y se nos da una prenda de la gloria futura."

El Misterio Pascual de la cruz y de la resurrección de Cristo está en el centro de la Buena Nueva que los Apóstoles, y la Iglesia a continuación de ellos, deben anunciar al mundo. El designio salvador de Dios se ha cumplido de "una vez por todas" (*Hb* 9, 26) por la muerte redentora de su Hijo Jesucristo. CCC **571**

PARA MAYOR ESTUDIO

¡Puede encontrar lo siguiente esclarecedor! Es posible que desee pasar tiempo estudiando esto con su familia. Los israelitas participaron en el Antiguo Pacto, a través de la circuncisión, la comida de la Pascua, el sistema de sacrificios y la Ley.

LEER Lucas 24: 28-35 La primera recreación de la cena del Señor

1. ¿Qué pasó durante la comida? ¿Qué sucede cuando participamos en la comunión?

LEER 1 Corintios 11: 17-34

2. ¿Qué nos enseña Pablo sobre la Eucaristía?

3. ¿Cuándo dejamos de celebrar la Eucaristía?

Pacto:
El pacto es la traducción de la palabra Hebrea Berith, que significa testamento. La palabra Berith se utiliza para designar todo tipo de contrato o alianza entre particulares, tribus o pueblos. Pasó al lenguaje religioso para significar las relaciones históricas que Dios se dignó establecer con el pueblo de Israel y con toda la humanidad. La alianza o pacto bíblico aplicado a las relaciones entre Dios y el hombre es bastante diferente del tipo de acuerdo a través de la negociación, que culmina en un contrato entre iguales, tal como ocurre en los negocios.

Fuente: The New World Dictionary-Concordancia con la Nueva Biblia   Americana

NOTAS

SEMANA DE FE 9   Fe Heroica

El SEÑOR es mi luz y mi salvación; ¿A quién temo? El SEÑOR es el refugio de mi vida; de quien tengo miedo? Cuando los malhechores vienen a mí para devorar mi carne, Estos mis enemigos y mis contrarios tropiezan y caen. Aunque un ejército acampe contra mí, mi corazón no teme; Aunque la guerra se libere contra mí, incluso entonces confío. **Salmo 27:1-3 NTV**

DIA 1

LEER 1 Samuel 16: 1-13   David y Goliat

1. ¿Cuál es la diferencia entre la forma en que vemos a una persona y la forma en que el Señor mira a una persona? (Vea 2 Corintios 5: 6-7, 12, 15, 16) (Vea 2 Corintios 10: 7)

2. ¿Nos habla el Señor como le habla a Samuel? ¿De qué tipo de cosas nos habla el Señor?

DIA 2

LEER 1 Samuel 17: 1-19

Según el diccionario Webster, la palabra "desafiar" significa retar, hacer algo que se considera imposible. La Biblia dice en el versículo 10 que Goliat desafió las filas de los Israelitas. Goliat los mira fijamente a la cara y dice que los reta. -Los reto a pelear conmigo-.

1. ¿Por qué los Israelitas estaban tan asustados, tan aterrorizados? (Ver versículo 11)

2. Describe a Goliat.

3. Describe a David.

> Durante la época de David y los primeros Reyes, los combates se llevaban a cabo principalmente mano a mano, espada a espada, cuchillo a cuchillo, etc. Colocaban a cada ejército en la cima de sus posibles colinas con un valle entre ellos a propósito. Se podían el un al otro ver y sabían cuando el otro ejército se movía. Ya que era un largo camino hacia abajo y luego un camino largo y agotador hacia arriba, era común enviar a una persona a pelear. Cada ejército enviaba a su mejor soldado.

DIA 3
LEER 1 Samuel 17:20-37

1. ¿Qué quiso decir David en el versículo 26 cuando se refirió de Goliat como "no circuncidado?"

2. ¿Cómo reacciona / responde David a las burlas de sus hermanos?

3. ¿Qué fue lo que le dijo David a Saúl para convencerlo de que lo dejara pelear contra Goliat a pesar de ser solo un jovencito?

4. ¿Por qué Saúl dejó que David peleara?

DIA 4

LEER 1 Samuel 17:38-47

¡Por favor, lea esta escritura! No se pierda la lectura de esta HISTORIA, incluso si conoce la historia y la ha leído antes. Será completamente nueva para usted si la lee nuevamente ahora con el Espíritu Santo. Dios tiene algo que decirle hoy

1. ¿Qué le dijo David a Goliat?

2. ¿Por qué David no le tenía miedo a Goliat incluso cuando todos los demás soldados estaban aterrorizados? ¿Debería de haber tenido miedo? (LEER Deuteronomio 20: 1-4)

3. ¿Cómo reacciona / responde David a las burlas de Goliat?

4. ¿En quién confió David y cómo lo sabemos?

5. ¿Tienes un Goliat en tu vida? ¿Es hora de matar al gigante? ¿Quién es tu constante ayuda en tiempo de necesidad?

Terminar de Leer 1 Samuel 17

6. Comenta sobre algo que hayas aprendido o que hayas encontrado esclarecedor.

> Note que en el versículo 45, cuando David se enfrenta a Goliat, él le señala a Goliat que ha desafiado al DIOS de los Israelitas al enfrentarse a los mismos Israelitas. David reconoce que Goliat está en graves problemas porque no está haciendo la guerra solo contra los Israelitas sino contra el mismo Dios. Cuando Goliat insulta al pueblo de Dios, él está insultando a Dios. Debido a este conocimiento, que solo David parecía tener, David pudo vencer y conquistar a través del poder del Señor Dios Todopoderoso en quien confiaba.
>
> ¡David PROCEDE A HABLAR DE MANERA PRESUMIDA ! "Hoy el Señor te entregará a mis manos; te derribaré y te cortaré la cabeza. Este mismo día, dejaré tu cadáver y los cadáveres del ejército Filisteo para las aves de rapiña …" Tienes que saber ganar la batalla para hablar de tal modo. David hizo todo lo que dijo que haría, ¡incluso le cortó la cabeza al gigante!
>
> Ahora es el momento de cortar la cabeza del diablo que nos miente durante todo el día.

DIA 5
LEER Efesios 6: 10–20 Armadura de Dios

1. ¿Quién suministra la armadura y con qué propósito?

2. Describe ¿contra quién hoy es nuestra lucha y contra quién no?

3. Goliat tenía un escudo hecho de hierro o bronce y se lo cargaba su portador de escudo. ¿Qué clase de escudo tenía David? ¿Cuál es nuestro escudo? ¿Y qué hace por nosotros?

4. ¿Qué es la espada del espíritu?

5. Memoriza la escritura, ora sus escritos, enséñala a tus hijos. Imagina tocar a tus hijos y decirles ... Hijitos saquen su fuerza del Señor ...

DIA 6
LEER 2 Corintios 10: 1-6

1. ¿Qué dice esta escritura?

LEER La Reflexión siguiente y comentar

Reflexión

David y Goliath. ¡Esta es una gran historia! Es una historia real, gloriosa, y de una notable victoria.

David es solo un jovencito, sin embargo, cuando llega a donde acampan los Israelitas, evalúa la situación al instante y ofrece una solución. Aquí tenemos dos ejércitos opuestos alineados para la batalla en dos colinas separadas con un valle en medio. Goliat los ha estado provocando por semanas. Los Israelitas están consternados y aterrorizados por él y su sombria situación. Cuando ven a Goliat todos los días, la biblia dice que huyen de él con gran temor. No hay esperanza; sólo están esperando algo, deseando la liberación.

David viene, ve a Goliat y dice básicamente quién es este pedazo de basura, este hombre que se atreve a insultar a Dios y a su pueblo. Cuando el Rey Saúl escucha a David decir esto lo manda traer y David le dice que no se preocupe por nada. "Lucharé contra este Filisteo". -Sí, claro-, dice Saúl, -tú eres solo un jovencito, en cambio él ha sido un soldado por siempre. ¿Qué puedes hacer tú?. ¡Ah! Esto no es nada. He rescatado ovejas de boca de leones y osos-.

He matado a leones y osos, este "Filisteo no circuncidado" será como uno de ellos porque ha insultado al Dios vivo. El Señor me ha liberado rescatado antes y lo volverá a hacer. David así responde (uso mis palabras para referirme a esta escena).

DAVID no tenía ninguna duda de qué lado Dios estaba. Sabía sin dudas que el Señor lo apoyaría y le traería la victoria. ¿Cómo lo supo? ¿Por qué estaba tan seguro?

1. Goliat que incircunciso. ¡ya lo oyen!, ¡Estaba en el ejército equivocado! Nadie se mete con los hijos de Dios. ¿Cómo es que a muchos de nosotros nos toma tanto tiempo darnos cuenta de ello? El resto del ejército Israelita debe de haberlo olvidado. ¡Vivían con miedo! Estaban derrotados a pesar de que Dios estaba de su lado. Carecían de fe en su Dios, y por lo tanto no tenían victoria.

2. David tenía una relación con Dios. Él caminaba y hablaba con Dios. Le cantaba canciones a Dios, le escribía canciones a Dios. David estaba acompañado de Dios todo el día mientras cuidaba las ovejas. David era el hijo de Dios y él lo sabía. Todo lo que pertenece al Padre pertenece al Hijo! Cuando eres un hijo del REY DE REYES, eres un príncipe / princesa. David sabía quién era él. David sabía a quién pertenecía. No se preguntaba, lo sabía.

3. David había sentido la salvación de Dios. Dios lo había defendido una y otra vez. David reconocía un enemigo cuando lo veía.

4. David tuvo fe. Gran fe.

Porque David sí creyó, no perdió su tiempo. Sus hermanos lo odiaban por eso, pensaban que era presumido y lo llamaban arrogante y malvado. Menos mal que no se desanimaba o distraía fácilmente.

La Batalla

David está listo para ir con todo hasta la victoria! No te rindas antes de la victoria. David dijo: "Vienes contra mí con una espada, una lanza y una cimitarra (¿jabalina?) Pero yo vengo contra ti en nombre del Señor de los Ejércitos Celestiales, el Dios de los Ejércitos de Israel a quién has insultado". David no deja que Goliat lo asuste, lo cimbre, ó lo ponga nervioso. La mayoría de las personas no dejan saber a otros lo que piensa de ellos.

Si eres la causa de la molestia de nuestros amigos, conocidos, compañeros de trabajo, ellos generalmente lo aguantan. Pueden estar pensando muchas cosas dentro de sus cabezas acerca de ti, pero generalmente evitan decírtelo en voz alta. "Por lo general" ahora hay esos molestosos miembros de la familia comportándose como los hermanos de David. No temen decirle a David lo que realmente piensan: "quién te crees que eres, cómo te atreves, insignificante malvado arrogante ..."

David deja que le resbale lo que dicen. Ni siquiera está aturdido por eso. Él sabe quién es él. Él sabe a quién pertenece. Él sabe quién lo está cuidando. Él conoce a su libertador. Por lo general, los más cercanos a nosotros son los que más nos lastiman. El plan de batalla es ponerse la Armadura de

Dios y resistir al demonio. Recuerden que no son ellos contra los que luchamos sino contra el Diablo. Sé como David, y no los escuches más. Que digan lo que quieran; Pero no escucharemos las burlas del enemigo.

Plan de Batalla

De acuerdo, si no tenías un plan de batalla, ahora tienes uno. e acuerdo, si no tuvieras un plan de batalla, ahora tienes uno.

¿Tienes problemas en tu vida?
¿Estás luchando por tu vida, por tu matrimonio, por tu trabajo, para tus hijos?

La biblia dice que el diablo viene a matar, robar y destruir. ¿Vamos a sentarnos y dejarlo, cobardes como los Israelitas, O sabemos quiénes somos, de quiénes somos? Si sabemos quiénes somos y a quién pertenecemos, actuemos así y hablemos como tal.

DI ESTO...

"Diablo, no te vas a interponer entre mi y mi _____ {completa el espacio en blanco}. Tú vienes contra mí con mentiras, insultos, lenguaje grosero, amargura, pero yo vengo contra ti en nombre de Señor de los Ejércitos Celestiales. ¡Jesús es mi Señor, mi defensor, mi héroe, mi poderoso guerrero!" Goliat vino contra David con su pesada y enorme armadura.

La biblia incluso nos dice cuánto pesaba cada pieza. Él vino con un portador de escudo saliendo delante de él. David salió con la protección del Señor. La biblia dice. Dios es ... nuestro escudo, nuestra armadura, nuestra protección, nuestra fortaleza, nuestra torre fuerte, nuestra ayuda siempre presente en tiempos de necesidad"Levántate por la mañana y habla a tu situación. Habla vida a tus circunstancias. Deja de meditar sobre tu situación.

Levántate y pelea, hoy y todos los días hasta que obtengas la victoria. Estate en la ofensiva. ¿Tu trabajo te está pesando? Levántate y habla mientras te vistes. Voy a trabajar, soy un soldado para Cristo. Mi jefe es un buen jefe. Mi día es bueno porque Jesús es mi Señor y me acompaña. Amaré a mis compañeros de trabajo hoy. Sentirán la presencia de Dios hoy porque yo estoy cerca. Tengo éxito hoy. Voy a sobresalir porque Jesús va delante de mí. Tengo el favor de Dios en mí. Las bendiciones me persiguen porque soy un hijo del Dios más alto.

Victoria.

¡La victoria es de David!, ¡La victoria es nuestra!
¡David le da toda la gloria, todo el crédito a Dios! David dice ... "Toda la tierra aprenderá que Israel tiene un Dios". ... Toda esta multitud también, aprenderá que no es por espada o lanza que el Señor salva. Porque la batalla es del Señor y él te entregará en nuestras manos."

NOTAS

SEMANA DE FE 10   Confianza/Humildad

*El Señor es mi luz y mi salvación, entonces ¿por qué habría de temer?
El Señor es mi fortaleza y me protege del peligro, entonces ¿por qué habría de temblar?
2 Cuando los malvados vengan a devorarme, cuando mis enemigos y adversarios me ataquen,
tropezarán y caerán. 3 Aunque un ejército poderoso me rodee, mi corazón no temerá. Aunque me ataquen,
permaneceré confiado.* **(Salmo 27 NTV)**

DIA 1

LEER Mateo 1: 18-25 y Lucas 1: 26-38

1. ¿Quién tuvo fe y cómo la demostraron? Comente.

LEER Mateo 2: 1-12

2. ¿Quién cree y cómo lo demostraron? (Ver también Lucas 2: 8-20)

DIA 2

LEER Mateo 4: 18-22

1. Imagina que eras tú. ¿Qué harías? ¡Oh eres TÚ!

LEER Mateo 9: 35-38

2. ¿Qué quiere Jesús de nosotros y por qué? Comente.

DIA 3

LEER Proverbios 11

1. ¿Qué nos promete Dios cuando confiamos en Él?

Recuerda que eres la justicia de DIOS EN CRISTO JESÚS. Somos los rectos no porque no tengamos pecado o nunca pecamos, sino porque fuimos comprados y pagados con la sangre de Cristo. Vivimos en la era del perdón y la renovación en Cristo Jesús. Hemos nacido de nuevo en Cristo. No somos nosotros los que vivimos, sino es el que vive en nosotros. Estamos OCULTOS en Cristo. Él se hizo pecado para que fuéramos liberados del pecado. Somos o libres de pecado o no. Declara que hoy somos libres porque Jesús murió para liberarnos. Recibimos ahora esa libertad para glorificar al que nos liberó.

Él es el motivo por el cual somos rectos, no nuestras propias obras. Él nos hace rectos, no lo hacemos por nosotros mismos. Dios dice en su palabra una y otra vez que olvidemos el pasado y sigamos adelante. Se nos ha perdonado, solo porque no te hayas perdonado a ti mismo no significa que Dios no lo ha hecho. Él no está esperando hasta que te decidas a corregirlo. No hay nada que podamos hacer para corregirlo. Lo que está hecho está hecho y no hay nada que pueda cambiarlo. Nada de lo que podamos hacer ES. Está hecho, pero DIOS dice que se lo puede borrar! Borrado a un blanco que es más blanco que el blanco.

Dios dice que no hay memoria de ello, ni siquiera en sus libros o en su mente. Él dice que coloca nuestros pecados muy lejos de él, el **Salmo 103:12** dice: "Como el oriente está lejos del occidente así aleja de nosotros nuestras culpas."

2. Escribe los versículos que quieras guardar y dícelos a tus hijos.

DONDE SE REÚNEN DOS O MÁS. María Chladny y yo intentábamos recordar cierta escritura que habíamos escuchado durante nuestro tiempo de oración en el Estudio Bíblico. Estábamos buscando desesperadamente a través de Isaías tratando de recordar qué capítulo habíamos leído esa semana. María recordó que el Señor le había hablado en esta escritura. Fue profundo y ella fue transformada.

Buscamos y buscamos y le dije que incluso cuando encontráramos la lectura, no sería lo mismo o no nos hablaría de la misma manera. Hay una unción cuando estamos juntos, eso es especial. Cuando oramos y leemos la palabra de Dios juntos, Dios está con nosotros y nos habla. Él nos habla a través de Su Palabra. Es nuestro maná para ese día. La palabra de Dios está viva. Una vez alguien me dijo que puedes leer el mismo versículo de las Escrituras todos los días durante un mes y Dios te dirá algo diferente cada día. Es verdad. El Espíritu Santo está contigo y te está abriendo la Palabra si lo invitas.

DIA 4
LEER Mateo 18: 1-9, Mateo 19: 13-15

1. ¿Quién es el más grande en el Reino de los Cielos?

2. ¿Qué dice cada escritura sobre el orgulloso y el humilde?

	"ORGULLOSO"	"HUMILDE"
1 Pedro 5:5-7		
Lucas 14:7-11		
Santiago 4:6-10		
Salmo 25:9		
Mateo 16:24-27		
Proverbios 18:12		
Proverbios 3:34		

3. Resume lo que aprendiste.

DIA 5
LEER Romanos 12: 17-21
1. Explique:

DIA 6
LEER Daniel 4 Historia de la humildad de Nabucodonosor
1. ¿Qué le pasó a Nabucodonosor?

2. ¿Qué aprendiste de esta historia?

OOPCIONAL LEER Hechos de los Apóstoles 12: 19-23
1. ¿Qué otro Rey fue humillado? ¿Cómo y por qué?

Imagina una vida donde Dios es el centro. Tu vida se vive para complacerlo, glorificarlo y honrarlo por encima de todo y sobre todos los demás, incluido tú mismo. Imagina que tu vida está centrada en la voluntad de Dios. Imagina que tu vida sea centrada en lo que concierne a Dios, sus preocupaciones, sus sentimientos, sus gustos. Ahí es donde Él nos está guiando. Él nos está guiando a una existencia centrada en Dios porque es la única manera de vivir verdaderamente.

Cuando Dios es el centro y el enfoque de nuestras vidas, vivimos y estamos libres de todo estrés y conflicto. No estamos preocupados ni agobiados con nuestro propio avance, honor y gloria. Si somos los últimos, Él es el primero. Si nos ponemos a nosotros mismos primero, Él suele ser el último. Con Dios todo es al revés. Sus maneras no son nuestras maneras. Sus maneras no son las maneras del mundo. Los últimos serán los primeros y los primeros serán los últimos. Es en dar que recibimos. Es al morir que nacemos a la vida eterna. Los mansos heredarán la tierra.

Cuando Dios es el centro o el primero, le estamos diciendo al mundo que confiamos en Él, que Él es digno de nuestra confianza. Nuestra confianza está en Él para que logre para nosotros; no tenemos que jugar el juego del mundo. Tenemos un Padre que nos vigila y nos cuida no solo en la próxima vida, sino en ESTA vida.

¿Quieres la gloria que crees que mereces? ¿Quieres la gloria que alguien más está recibiendo? Dios nunca puede ser glorificado a través de nosotros si nos glorificamos a nosotros mismos o buscamos la gloria que pertenece a Dios y solo a Dios. Cuando queremos el reconocimiento, no nos preocupa que Dios reciba el reconocimiento. Cuando estoy preocupado por cómo me veo para los demás, generalmente no me preocupa cómo se ve Dios. Es Yo o Él y cada vez que estoy preocupado por MÍ, no estoy pensando en Dios o en cómo Dios se ve para los demás.

Cuando ponemos a Dios primero y nos preocupamos más por él que por nuestros sentimientos, siempre estaremos satisfechos. Esta es una promesa de Dios: "Humíllate ante los ojos del Señor y Él te exaltará."

NOTAS

SEMANA DE FE 11   Caminando sobre el Agua

Busquen al Señor mientras puedan encontrarlo; llámenlo ahora, mientras está cerca.
⁷ Que los malvados cambien sus caminos y alejen de sí hasta el más mínimo pensamiento de hacer el mal.
Que se vuelvan al Señor, para que les tenga misericordia. Sí, vuélvanse a nuestro Dios,
porque él perdonará con generosidad. ***Isaías 55:6-7 NTV***

DIA 1
LEER Marcos 9:14-29   La Sanación de un Muchacho Endemoniado

1. ¿Con quién está molesto Jesús y por qué?

2. ¿Qué es posible para la persona con fe? ¿Para ti?

3. ¿Qué quiere decir Jesús cuando dice "¡Si es que puedes?" (Ver versos 23, 24)

4. ¿Cuándo es difícil creer?

5. ¿Cómo respondió Jesús a la súplica del padre? (Leer los versículos 19 y 29)

6. ¿Crees que Jesús está tratando de decirnos algo? ¿Hay alguna conexión?

"¡Si, creo, pero ayúdame a superar mi incredulidad!" Marcos 9:24. Rezo esta oración todo el tiempo, especialmente cuando no tengo la fe que sé que necesita. La biblia está llena de oraciones. Es poderoso rezar la palabra de Dios a él. Su palabra es perfecta, por lo tanto, también lo es nuestra oración cuando oramos la Palabra de Dios. Yo rezo esta oración; "Creo Señor, ayúdame con mi incredulidad," cuando sé que mi fe no está donde debe estar para una situación determinada.

INCREDULIDAD Muchacho con un demonio. Todos pasamos por momentos de incredulidad, ¡tal vez incluso a diario! La buena noticia es que podemos recurrir a Dios por fe. No solo es el autor de nuestra fe, sino también el que termina dándola. Jesús está hablando de sus discípulos nuevamente cuando menciona su infidelidad. Jesús nuevamente les habla a los discípulos acerca de su falta de fe. JESÚS no tiene miedo de ofenderlos. Es en ofenderlos que crecerán y aprenderán.

Cuando te ofendan, alaba a Dios, es una oportunidad para que aprendas, crezcas y madures. Al igual que nuestros músculos necesitan estar magullados y desgarrados para hacerlos crecer más y ser más fuertes, así también nosotros crecemos dolorosamente en algunas ocasiones. Nunca sentiré satisfacción con mi nivel de fe. Quiero más. Siempre tendré espacio para crecer. A veces nos sentimos ofendidos por quienes dicen que necesitamos más fe. ¿O dónde está tu fe? No te ofendas. Date cuenta de que te falta tu fe y corre hacia la fuente.

No podemos vivir por nuestra cuenta, contar con tener fe nosotros mismos. Necesitamos a Jesús, nos necesitamos el uno al otro. Nadie puede hacer esto por su cuenta. Nadie. Jesús dijo a sus discípulos; "¿Dónde está su fe?" Ellos perdieron su fe una y otra vez y nosotros también. Estamos en buena compañía cuando no tenemos fe. La buena noticia es que sabemos dónde conseguirla. Cómo conseguirla. Acude a él, lee su palabra, ora y píde, ve a la iglesia, llama a tus amigos en Cristo. No te quedes solo ahí sentado. Date cuenta que tu solo, no es suficiente.
Y entérate que está bien ser infiel mientras no permanezcas en ese estado. Haz algo al respecto.

¿Por qué son los israelitas tan desleales? ¿A qué o a quiénes están escuchando, en qué creen? ¿Por qué los israelitas eran tan infieles? ¿Qué les faltaba? Les faltaba concretamente, el Espíritu Santo, incluso los apóstoles tenían miedo antes de Pentecostés. Se sentaron acurrucados en la habitación superior porque tenían miedo de salir. Sin embargo, en el día de Pentecostés, los discípulos se llenaron con el Espíritu Santo y ya no tenían miedo. Pedro, ese día, salió del aposento alto y predicó a miles. 3000 llegaron a creer en Jesús en ese día.

Yo soy la vid, y ustedes las ramas, Jesús dice, permanezcan en mí. Si hoy crees que tienes fe, las circunstancias de mañana demostrarán que estás equivocado. Es por eso que necesitamos permanecer en él. Jesús dijo *"Mientras ustedes permanezcan en mí y mis palabras permanezcan en ustedes, pidan lo que quieran y lo conseguirán. Mi Padre es glorificado cuando ustedes producen abundantes frutos: y pasan a ser mis discípulos."*

El padre está desesperado por sanar a su hijo. Él dice: "Por favor, si puedes hacer algo." "SI" Jesús dice, como para decir ¿Que no sabes quién soy yo?. Dios no se mueve por lo desesperados que estamos. Dios no es movido por nuestras necesidades, nuestro dolor, nuestra situación, nuestras circunstancias. Muchos están desesperados. Muchos están sufriendo, enfermos, algunos están tan desesperados que recurren al suicidio. Si Dios fuera movido a sanar por nuestras circunstancias, o por nuestras dificultades, nadie tendría una necesidad. Jesús le dijo al hombre: "¡Si puedes! TODO es posible para quien tiene fe." ¡GUAU! Todo está disponible para el que cree. ¡Dios responde a la fe! El hombre sabía que no la tenía, así que dijo: "¡Creo Señor, ayuda a mi poca fe!."

DIA 2

LEER Juan 4:7-42 La Mujer Samaritana

1. ¿Qué nos ofrece Jesús y por qué? (Ver Juan 4: 7-15)

2. ¿Cómo se alimenta Jesús?

3. ¿Por qué los Samaritanos vinieron a escuchar a Jesús? ¿Qué les hizo creer en él?

Nota: Imagina que Jesús es alimentado mientras nos atiende de acuerdo a la voluntad del Padre. Jesús no solo nos ama y nos atiende, sino que también prospera en ello. Es su vida. ¿No nos ofrece lo mismo a nosotros? Creemos que nos costará servir, seguir y ofrecer y dar nuestras vidas, pero es todo lo contrario. No sólo vivimos, sino que crecemos y triunfamos y prosperamos. Él es el pan de la vida.

DIA 3

LEER Mateo 14:23-33   Caminando sobre el Agua

1. ¿Por qué Pedro quería ir hacia Jesús en el agua? ¿Qué le hizo salir de la barca?

2. ¿Qué pasa cuando sales de la barca?

3. ¿Tenemos miedo de salir de la barca? ¿POR QUÉ?

4. ¿Qué le hizo temer a Pedro y qué sucedió cuando tuvo miedo?

Debes preguntarte que se sintió ver a Jesús caminar sobre el agua ....
qué se debió sentir caminar sobre el agua.

Puedo sugerir que el pasado de Pedro no tuvo nada que ver con su caminar sobre el agua o su hundimiento, solo el presente tuvo alguna relación con sí se hundió o caminó. Solo su fe, confianza y obediencia en Jesús en ese momento. En el momento en que sus ojos dejaron a Jesús, comenzó a hundirse.

DIA 4

LEER Mateo 14:23-33 otra vez

1. ¿Qué puede evitar que Pedro se hunda?

2. ¿Nos hundimos alguna vez? Dar ejemplos de experiencias de hundimiento que enfrentan las personas.

3. ¿Cómo podemos evitar que nos hundamos hoy? ¿Cómo evitamos que nuestros problemas o cosas que nos suceden nos roben nuestra fe o nuestra paz?

Jesús le preguntó a Pedro: "¿Por qué dudaste?

4. ¿Espera Jesús demasiado de nosotros? ¡COMENTAR!

5. ¿Por qué Jesús rescató a Pedro? ¿Qué aprendes acerca de Jesús con esto?

Después de que Pedro se cayó al agua, ¿cómo crees que regresó y entró en la barca? ¿Crees que Jesús lo arrastró de vuelta a la barca, lo cargó o crees que tal vez se levantó y comenzó a caminar sobre el agua con Jesús? ¿Qué crees que pasó? Después de que Jesús lo tomó de la mano y lo rescató de ahogarse, ¿crees que lo hizo nadar hasta la barca? Estoy pensando que ellos mismos tuvieron un tiempo juntos sobre las olas. Quién sabe, tal vez todos salieron entonces de la barca. Hmmmm JESÚS es el Señor del mar y todo lo que hay en él. Él es el Señor.

DIA 5 LEER Isaías 55-1-13

1. ¿Qué ofrece el Señor a todos los que tienen sed y hambre?

2. ¿Qué logra la palabra de Dios?

3. ¿Cuál es tu verso favorito y por qué?

DIA 6 Llene los espacios en blanco…

	¿Quién creyó	¿En qué creyeron?
Hebreos 11:8-10		
Éxodo 4:29-31		
Lucas 1:45		
Juan 2:22		

NOTAS

SEMANA DE FE 12   Padre Abraham

I love you, LORD, my strength, LORD, my rock, my fortress, my deliverer, My God, my rock of Yo te amo, SEÑOR, mi fuerza, El SEÑOR es mi roca y mi fortaleza, es mi libertador y es mi Dios, es la roca que me da seguridad; es mi escudo y me da la victoria. Invoco al SEÑOR que es digno de alabanzas, y me veo libre de mis enemigos. Desde lo alto su mano me tomó y me rescató de las aguas profundas... Me libró de enemigos poderosos, de enemigos más fuertes que yo. Me asaltaron el día que me iba mal, pero el SEÑOR vino en mi ayuda. Me sacó a un espacio abierto, me salvó porque me amaba. **Salmo 18 NTV**

DIA 1

LEER Génesis 11: 26-32 y 12: 1-5   El Llamado y la Migración de Abraham

1. ¿Qué le dijo Dios a Abram (Dios aún no le había cambiado el nombre de Abram al de Abraham) que hiciera?

2. ¿Qué le prometió Dios a Abram?

3. ¿Qué hizo Abram? Comenta sobre su fe. (Ver Hebreos 11: 8-10)

DIA 2

LEER Génesis 17: 1-11

1. ¿Cuál es el pacto que Dios hizo con Abraham? Su nombre ahora ha sido cambiado, ¿cómo refleja su cambio de nombre este pacto?

2. ¿Cuál fue la señal del pacto?

LEER Génesis 15:1-6

3. Describe la fe de Abraham. (Ver Romanos 4: 18-21)

DIA 3
LEER Génesis 21:1-14

1. ¿Qué ordenó Dios a Abraham que hiciera con respecto a Ismael?

2. Describe cómo se probó la fe de Abraham.

Dios le habló directamente a Abraham. Abraham tenía una relación especial con Dios. Incluso se lo consideraba un amigo de Dios. (Ver Santiago 2:23)

DIA 4
LEER 1 Samuel 3:4-11

1. ¿Por qué Samuel no reconoció la voz del Señor cuando le llamó?

LEER Génesis 22:1-19 Abraham e Isaac

2. Cuando Dios llamó a Abraham, Abraham respondió: "LISTO." ¿Cuál es el significado de esto y su partida a primera hora de la mañana, en el versículo 3?

3. ¿Cómo es esta historia un presagio de Jesús y la Cruz?

4. Describe la fe de Abraham. Describe lo que hizo, lo que debe haber sentido, lo que pensó. (Vea Hebreos 11: 17-19)

LEER Mateo 17:19-21

5. La fe de Abraham se considera grande, ¿cuánta fe necesitamos y qué podemos hacer con ella?

Abraham fue llamado por Dios para sacrificar a su único hijo. El hijo que el Señor le prometió. ¿Crees que Abraham creyó que Dios podía resucitar de entre los muertos? Si creyó en todo lo que Dios le dijo, también tendría que haber creído que sería el padre de muchos, el padre de las naciones. Dios le dijo a Abraham que sus descendientes se contarían como las estrellas en el cielo o los granos de arena en el mar.

¿Cómo pudo Abraham creer que Dios le pidiera sacrificar a su único hijo y aún así pudiera lograr esto? Los sacrificios eran un regalo para el Señor. Dios le estaba pidiendo a Abraham que le diera a su hijo. Probablemente Abraham no lo vio como un homicidio. Los sacrificios eran sagrados. Él ciertamente debe haber estado absolutamente seguro de que Dios le pidió esto. No podría haber existido duda alguna. Él tampoco parecía renunciar a esta petición. Él escuchó a Dios y obedeció sin cuestionarlo. ¿Cuántas veces renunciamos a algo que se nos pide? ¿Realmente Dios me pidió que renunciara a esto?

Padre, que podamos conocer tu voluntad para nosotros tal como Abraham conoció tu voluntad. Que no descansemos ni dejemos de orar hasta que tengamos la paz y la certeza que hemos escuchado. Ayúdanos a insistir en ti y a tu voluntad para nosotros.

DIA 5
LEER Hechos 3: 1–16   La Cura del Mendigo Cojo

1. ¿De quién era la fe que curó al hombre cojo?

2. ¿De dónde viene la fe de Pedro? (Vea Marcos 16:20, Hechos 2:4, Hechos 3:1, Hechos 1:14)

3. ¿Cómo podemos tener la fe que Pedro tuvo?

4. ¿A quién le da Pedro la GLORIA? ¿Cree Pedro que él sanó al hombre?; ¿Busca reconocimiento? ¿Quién obtiene el mérito?

DIA 6
LEER Reflexión

1. Comente sobre algo que haya aprendido o que encuentre revelador.

Reflexión

¡El hombre cojo!

Cuando Pedro y Juan fueron a orar, se encontraron con un hombre cojo en el camino. ¿Qué cosas increíbles suceden cuando estás en tu camino a la oración? Especialmente cuando se hace un hábito como lo hicieron estos apóstoles. Se dirigían al Templo, dice la Biblia, para la hora de oración de las tres en punto. ¿Sería agradable si programamos una hora de oración en nuestros hogares o en la iglesia diariamente? Imagina los milagros; visualiza quién podría aparecer, lo que podría suceder.

Pedro y Juan se encontraron con un hombre cojo en el camino. El hombre fue puesto allí por alguien, probablemente un familiar, tal vez alguien que se estaría beneficiándose de él, no lo sabemos, pero todos los días se recostaba en la puerta del templo para mendigar. Él estaba buscando ayuda. Él no podía ayudarse a sí mismo; solo podía confiar en la generosidad y la compasión de los demás. Él estaba a la merced de otros.

Cuando vio a Pedro y Juan y de cómo lo miraron, estaba seguro de que iba a conseguir algo. La Biblia dice que miraron atentamente al mendigo. Estoy seguro que la mayoría de los que pasaron a su lado mantuvieron sus ojos en el camino o fingieron preocupación. No querían tener que decir que no o tal vez ya estaban tan acostumbrados a él que ni siquiera y lo notaban. Puedo imaginar su esperanza cuando Pedro y Juan le prestaron atención. Pedro le dijo al mendigo: "No tengo dinero, ni plata, ni oro, pero te doy lo que tengo …"

Tal vez fue algo bueno que Pedro y Juan no tuvieran dinero. Si lo hubieran tenido, tal vez le habrían dado y el hombre hubiera seguido siendo un mendigo y un cojo. El hombre necesitaba a Jesús y afortunadamente eso es lo que le ofrecieron. Pedro tomó al hombre de la mano derecha y lo levantó. Qué fe tenía Pedro en Dios. Él sabía que Dios estaba con él, en él. Pedro era uno con Dios. Él sabía sin duda que Dios quería sanar a este hombre. Él no habría sido tan atrevido si no supiera que Dios lo haría cuando mencionó esas palabras. Él dijo: "En el nombre de Jesucristo de Nazaret, levántate y camina". Luego tomó su mano y lo levantó. ¡GUAU que fe! Solo me pregunto qué estaría pasando entre Dios y Pedro y Juan en ese momento. Me encantaría haber escuchado la conversación.

¿Estaban listos, estarían siempre listos para cuando Dios quisiera manifestarse? O estarían orando por este hombre durante semanas o quizá meses. Estoy seguro de que lo veían todos los días. ¿Estaban esperando a Dios? ¿Escucharon algo especial de parte de Dios ese día? ¿Fueron llenos del Espíritu Santo? ¿Estaban siempre disponibles para ser usados por Dios? ¿Trabajaron mano a mano con Dios? ¿Está Dios esperando que estemos listos, disponibles? ¿Somos verdaderamente sus manos y pies?

NOTAS

SEMANA DE FE 13   Falta de Fe

Do not be anxious about anything, but in everything, by prayer and petition, with thanksgiving, present your requests to God. And the peace of God, which transcends all understanding, will guard your hearts and your minds in Christ Jesus. **Philippians 4:6-7**

Señor Jesús, estoy confiando en ti y ansioso no estoy de nada. Estoy orando y presentando mis peticiones creyendo que me escuchas y agradeciéndote de antemano. Que tu paz, Padre que trasciende todo entendimiento, guarde mi corazón y mi mente en Cristo Jesús, mi Señor.

DIA 1

LEER Josué 1:1-18

1. ¿Qué pide Dios a Josué que haga?

2. ¿Qué le promete Dios a Josué? (Ver versículos 1-9)

LEER Josué 1: 10-11 y 16-18

3. ¿Qué ordenó Dios a los Israelitas que hagan?

4. ¿Qué tierra te da el Señor? ¿Cómo quiere él que tomes posesión de ello? Reflexionar sobre esto. Pedir al Espíritu Santo por orientación y la respuesta.

5. ¿Cómo responden?

> Esta no es la primera vez que Dios les da a los Israelitas la Tierra Prometida. La primera vez ellos la rechazaron. No tenían fe para recibir lo que el Señor les estaba dando. Cuando Moisés sacó a los Israelitas de Egipto, Él les prometió que los llevaría a una tierra que emana leche y miel
>
> *.....Por eso decidí librarlos de la opresión de Egipto, para llevarlos al país de los Cananeos, los Hititas, los Amorreos, los Perizitas, los Jivitas, y los Jebuseos, a una tierra que emana leche y miel.*
> **Éxodo 3:17**

DIA 2

LEER Números 13:1-33

1. Resumir los relatos del viaje de exploración a la Tierra Prometida.

2. ¿Qué sugirió Caleb?

3. Describa cómo los Israelitas se vieron a sí mismos en comparación con los habitantes de la tierra. ¿Te identificas?

4. ** PREGUNTA EXTRA** ¿Cuál era el nombre de la esposa de Moisés?

DIA 3

LEER Números 14:1-9 La Revuelta en el Desierto

1. ¿Cómo respondieron los Israelitas en general a las noticias de los exploradores?

2. ¿Cuál es la respuesta de Caleb y Joshua?

LEER Números 14:10-19

3. ¿Cómo reacciona Dios inicialmente a las quejas del pueblo?

4. 4. ¿Por qué Dios está tan decepcionado? (Ver Deuteronomio 7: 17-19)

5. ¿Qué le ofreció Dios a Moisés?

6. ¿Qué piensas de Moisés?

DIA 4
LEER Números 14:20-38

1. ¿Cómo juzga Dios a los Israelitas?

2. ¿Por qué Dios es tan duro? (Ver Números 14: 22 y Números 14: 11-12)

3. ¿Cómo favorece Dios a Josué y Caleb y por qué?

4. ¿Por qué son tan importantes las palabras de nuestra boca? (Leer versículo 28). (Ver también Proverbios 21:23)

Reza estos versículos de las escrituras.

> **Salmo 141: 3** *Pon un guardia sobre mi boca, SEÑOR; Vigila la puerta de mis labios.*
> **Salmo 19:14** *Que estas palabras de mi boca y esta meditación de mi corazón sean agradables a tu vista, Señor, mi Roca y mi Redentor.*
> **Proverbios 21:23** *Los que guardan sus bocas y sus lenguas se guardan de la calamidad.*

DIA 5
LEER Números 16

1. ¿Cuál fue la queja de Coré, Datán y Abirón?

2. ¿Contra quién se rebelaron?

3. ¿Cómo se unieron Moisés y Dios para repartir el castigo?

4. ¿Qué pasó con Coré, Datán y Abirón y sus respectivas familias?

Celos y Números 16

Todos hemos sentido celos en un momento u otro y sabemos lo peligroso y destructivo que puede ser. Tal vez una hermana o un hermano recibe todas las "cosas nuevas" al crecer, un hijo obtiene más atención por parte de su progenitor, un amigo o compañero de trabajo que compra un nuevo automóvil, vestido, casa ..., el esposo de una amiga es mucho más comprensivo y más amable que el tuyo, el hijo de un vecino es aceptado en una prestigiosa universidad y con una beca. Estos son solo algunos ejemplos de las formas en que los celos se deslizan en nuestras vidas. Uso la palabra "deslizan" porque entra silenciosamente, sigilosamente, sin sonido. Comienza con un pensamiento, una idea, un sentimiento, y si lo dejamos, antes de que nos demos cuenta, estamos consumidos. Al igual que los personajes de esta historia bíblica, los celos pueden destruirte.

Coré, Datán y Abirón estaban tan preocupados por lo que no tenían que no podían ver lo que Dios les había otorgado. Moisés fue designado por Dios. Y Dios le dio el liderazgo y la posición. Coré, Datán y Abirón no pudieron ver que ellos también tenían dones de Dios y en lugar de ello permitieron que sus celos hacia Moisés los cegara. No pudieron o se negaron a entender que Dios le había dado a Moisés ciertas bendiciones y gracias y que ellos a su vez habían recibido también talentos y bendiciones de Dios.

Dios nos da a todos distintos dones y aptitudes. Es un desafío comprender y encontrar nuestros verdaderos talentos para esta vida. Busca y encuentra quién eres y úsalo para la gloria de Dios. Hay que concentrarse en ello, no en lo que otros poseen, aunque a veces parezca algo mejor o más grande o de más relevancia que lo tuyo. ¡Te sorprenderás lo que Dios te muestra y adónde te lleva!

Escrito por: Kate Johnston

DIA 6

LEER Juan 11:41-53

1. Describe la incredulidad.

2. ¿Qué profetizó Caifás? Comentar.

LEER Juan 10:22-28

3. ¿Quién cree y quién no? Comente:

4. Comente de la reflexión abajo.

Reflexión
NO ESTÁ PERMITIDO QUEJARSE.

Este letrero se encuentra en la puerta del Papa Francisco.
Fue un regalo de un psicólogo.
Se traduce: "Está prohibido quejarse," según la "Agencia Católica de Noticias."

La queja no lleva a ningún lado y te mantiene en el lugar en el que estás. Quejarse es lo mismo que dudar. Cuando te quejas, estás describiendo tu situación como grave, como si no tuvieras esperanzas y como si no hubieras acudido a Dios. Quejarse va en contra de Dios porque es actuar como si no confiaras en que Dios puede ayudarte. Quejarse es no tener fe. Quejarse es no tener esperanzas.

Joyce Meyer dice esta frase: "Quéjate y permanece ó alaba y supérate." Cuando nos quejamos, nos mantenemos en aquella situación de la cual nos estamos quejando. No puedes ir por encima de tu confesión. Cualquier palabra que salga de tu boca es una expresión de aquello que hay en tu corazón. Lo que saldrá de adentro tuyo, es aquello de lo que estás lleno por dentro. Cuando la queja sale de tu interior, es porque estás lleno de negatividad, dudas y miedos.

> *¡Crías de víboras! ¿Cómo van a hablar de lo bueno si son malos? ¡La boca expresa lo que hay en el corazón! El habla de un hombre bueno revela la bondad de su corazón. El corazón del malo está lleno de maldad, y esta se refleja en sus palabras. Les aseguro que en el día del juicio van a dar cuenta de las cosas que digan descuidadamente. Lo que una persona diga ahora determina lo que le espera: o será justificada por sus palabras ¡o por ellas será condenada!* **Mateo 12:34-37**

Yo solía despertarme cada mañana, y me sentaba en la cama, y alguna queja se me escapaba. "UGGGH" o "odio tener que levantarme," u "odio los lunes." Qué manera horrible de comenzar el día. Cada vez que dejamos que se nos escape una queja, maldice nuestro día. Cuanto más te quejas, más largo será. Si te quejas sobre cuánto odias los lunes, los lunes seguirán siendo odiosos.

Los lunes no son diferentes a los demás días. Simplemente decidimos que son odiosos—nuestra decisión afecta lo que confesamos, y lo que confesamos afecta nuestra actitud. Escuchamos lo que sale de nuestra boca, y nos creemos lo que escuchamos. Nuestras palabras refuerzan nuestros sentimientos, nuestras actitudes y nuestras creencias. La Biblia nos dice que la Fe viene de escuchar, de lo que hablas con tu boca, y luego escuchas y te lo terminas creyendo. ¿Qué estás escuchando? Lo que escuches es lo que terminarás creyendo, y es a partir de eso que se define cómo actuarás.

Cuando Israel fue liberado de la esclavitud y llevado a la tierra que Dios les había prometido, ellos se negaron a entrar. Tenían miedo y se quejaron y protestaron contra Moisés y Dios.

Dios estaba furioso con ellos.

Numbers 14:2-4, 10-11, 26-30

2 Elevaron sus voces como un gran coro de quejas en contra de Moisés y Aarón. «Preferiríamos haber muerto en Egipto —se quejaban— o aun aquí en el desierto, 3 antes que entrar a ese país que tenemos ante nosotros. El Señor permitirá que nos maten allí y nuestras esposas e hijos serán esclavos. Regresemos a Egipto». 4 La idea corrió por el campamento: «Elijamos a un caudillo y regresemos a Egipto».

Como respuesta, todo el pueblo se dispuso apedrearlos. Pero la gloria del Señor apareció ante ellos, 11 y el Señor le dijo a Moisés: —¿Hasta cuando me despreciará este pueblo? ¿Es que nunca me creerán aun después de todos los milagros que he hecho entre ellos?

Entonces el Señor les dijo a Moisés y a Aarón:

27 —¿Hasta cuando se quejará de mí este pueblo perverso? 28 Dile: "El Señor promete concederles lo que acaban de pedir. 29 Morirán todos en el desierto. Ninguno que tenga más de veinte años y se haya quejado contra mí 30 entrará en la Tierra prometida. Sólo Caleb, hijo de Jefone, y Josué, hijo de Nun podrán entrar.

¿Por qué Dios estaba tan furioso? Estaba enojado con ellos por su falta de fe en Él y en su promesa de llevarlos a la tierra que Él había prometido llevarlos. Este fue el mismo grupo de personas que había pasado por diez plagas en Egipto. Es el mismo grupo de personas que vio a Dios convertir el Nilo en sangre, y separar el Mar Rojo en dos. ¿Cómo podían dudar de Él luego de haber visto eso?

Ten cuidado al quejarte. Podría ser problemático para tu salud. Las cosas por las que te quejas pueden terminar volviéndose reales. Dios les dio a los israelitas lo que ellos decían. Ellos declaraban que morirían en el desierto. Entonces Dios hizo que así suceda. Él les dijo que tendrían exactamente aquello de lo que se quejaban.

No digas "Odio mi casa" porque podrías perderla. No digas "Odio mi vida", porque eso podría abrirle la puerta al diablo. Se agradecido. Si te quejas, al igual que todos los hacemos, detecta eso y promete dejar de hacerlo. Dios no puede ayudar a un quejoso. Dios no puede llevarte a un nivel más alto de fe y liderazgo si no puedes aceptar el lugar en el que él te coloca en el presente.

Cuando aparecen las quejas y te tientan, haz lo contrario. En el momento en el que sientas que estás por quejarte, frena y rézale a Dios, en cambio. Agradécele a Dios por algo. Alaba a Dios por lo que es y por lo que ha hecho por ti. Dile cuánto lo amas. Las quejas aparecen de manera natural, pero la alabanza a Dios no, por lo tanto debe ser intencional.

Ahora, cada vez que me levanto, comienzo mi día alabando a Dios. No dejo que ningún "UGGGH" salga de mi boca. En el momento en que eso está por suceder, cambio mis palabras y le pido a Dios que me perdone. No quiero que Dios piense que no agradezco todo lo que tengo. Cómo podría quejarme si Dios me ha dado todo. Jesús dijo,

"Hasta ahora nada has pedido en mi nombre; pide, y recibirás, para que tu gozo sea cumplido..." **Juan 16: 24**

Dios tiene grandes planes para tu futuro. Él te promete a ti y a mí, un futuro lleno de esperanza. ¿Estás harto y/o tienes miedo y te sientes tentado a quejarte? Escucha la palabra de Dios, en cambio. Te alimentará y te elevará, sobrenaturalmente.

NOTAS

SEMANA DE FE 14   Historia llena de Fe

Luego David alabó al Señor en presencia de toda la asamblea:¡Oh Señor, Dios de nuestro antepasado Israel, que seas alabado por siempre y para siempre! Tuyos, oh Señor, son la grandeza, el poder, la gloria, la victoria y la majestad. Todo lo que hay en los cielos y en la tierra es tuyo, oh Señor, y este es tu reino. Te adoramos como el que está por sobre todas las cosas. La riqueza y el honor solo vienen de tí, porque tú gobiernas todo. El poder y la fuerza están en tus manos, y según tu criterio la gente llega a ser poderosa y recibe fuerzas. ¡Oh Dios nuestro, te damos gracias y alabamos tu glorioso nombre! 1 Crónicas 29:10-13

DIA 1

LEER Daniel 3: 1-24 Esta es una gran historia sobre la fe de tres Israelitas.

1. ¿Cómo y por qué Ananías (Shadrach), Misael (Meshach) y Azarías (Abednego), se enfrentaron al rey Nabucodonosor?

2. ¿Por qué el rey está tan furioso con ellos?

LEER Daniel 3: 46-51 y 3: 90-97 NBLH (Nueva Biblia Latinoamericana de Hoy)

3. Describir lo que les pasó en el fuego.

4. Describir lo que hizo el rey Nabucodonosor después de la liberación del fuego de ellos.

5. ¿Qué aprendiste acerca de la fe en estas escrituras?

DIA 2

Dios le ordenó a Josué que se hiciera cargo después de la muerte de Moisés. Dios le asegura a Josué que Él estará con Josué tal como lo estuvo con Moisés. Josué guiará a los israelitas a la tierra prometida. Lee el siguiente pasaje del Capítulo 1 de Josué.

JOSUÉ Capítulo 1

> "My servant Moses is dead. So prepare to cross the Jordan here, with all the people into the land I will give the Israelites. As I promised Moses, I will deliver to you every place where you set foot. Your domain is to be all the land of the Hittites, from the desert and from Lebanon east to the great river Euphrates and west to the Great Sea. No one can withstand you while you live. I will be with you as I was with Moses: I will not leave you nor forsake you, be firm and steadfast, so that you may give this people possession of the land which I swore to their fathers I would give them. Above all, be firm and steadfast, taking care to observe the entire law which my servant Moses enjoined on you. Do not swerve from it either to the right or to the left, that you may succeed wherever you go. Keep this book of the law on your lips. Recite it by day and by night, that you may observe carefully all that is written in it; then you will successfully attain your goal. I command you: be firm and steadfast! Do not fear nor be dismayed, for the LORD, your God, is with you wherever you go." JOSHUA Chapter 1

LEER Josué 3: 5-17

1. ¿Cómo demostró Dios que estaba con Josué y por qué? Comentar. (Véase también Josué 1:5 y 5:1)

LEER Josué 5: 2-12 ¡Los israelitas celebran su última pascua en el desierto!

2. ¿Qué sucedió antes de cruzar el Jordán hacia la tierra prometida?

3. ¿Qué pasó con el maná y por qué?

DIA 3

LEER Josué Capítulo 6

1. ¿Qué crees que los israelitas estaban pensando en el quinto y sexto día de marcha?

2. ¿Qué crees que pensaba la gente de Jericó? (Ver Josué 2: 9-11)

3. ¿Cómo marcharon? ¿Qué hicieron y cuál fue el significado de los cuernos?

4. ¿Qué pasó en el séptimo día? ¿Fue Dios fiel a su Palabra?

Acabamos de leer sobre la fantástica historia de Jericó. La entrada a la Tierra Prometida tuvo lugar 40 años después de que los israelitas fueron confinados al desierto.

En Jericó, los israelitas tomaron la tierra que Dios les había prometido. Esta es una historia real. Es importante saber, mientras que lees el Antiguo Testamento, que los enemigos en el Antiguo Testamento eran enemigos físicos. Eran enemigos tanto espirituales como físicos. En el nuevo testamento, nuestros enemigos no son nuestros vecinos, sino enemigos espirituales, que en la biblia se describen como "principados, potestades, gobernadores de las tinieblas de este siglo, con huestes espirituales de maldad en las regiones celestiales. "La Biblia dice que no peleamos con carne y huesos, sino contra el diablo y sus poderes demoníacos.

Cuando leas el Antiguo Testamento, intenta entender el hecho de que las personas eran castigadas y morían. Vemos el castigo cuando naciones enteras han sido destruidas. En el Antiguo Testamento, los seguidores de Dios luchaban contra personas reales, pero nos ayuda pensar de los como malvados y condenados.

Ya no enfrentamos este tipo de castigo porque estamos "EN DE CRISTO". Es difícil para nosotros ver que las personas eran condenadas en el Antiguo Testamento, pero tenemos que confiar en Dios. Mientras más leas el Antiguo Testamento, "ESPÍRITU SANTO" te revelará más los misterios de sus procedimientos. Él no está intentando escondértelos; simplemente puede ser que no sea el momento correcto. Si Dios nos revelará todo su mundo de una vez y al mismo tiempo, Sería muy abrumador porque la revelación sería demasiado grande para que la podamos entender. Nosotros crecemos al leer su palabra. Él nos muestra aquello que Podemos entender. Así que, debes ser paciente y seguir leyendo Su palabra.

Cuando no comprendo la palabra de Dios, le pido al Espíritu Santo que me muestre, que me revele. Si me lo otorga, genial para mí; pero muchas veces simplemente no estoy listo, o Él simplemente me dejará dar un vistazo rápido, suficiente para mantenerme emocionado. Si Dios fuera lo suficientemente pequeño como para ser entendido, no sería lo suficientemente grande como para adorar. Moisés quería ver a Dios. Dios le dijo a Moisés algo como esto, "está bien, me mostraré por un momento, pero primero tengo que envolverte en una roca, y luego pasaré cerca."

Dios dijo que solo podría verle la espalda, y solo por un segundo. Moisés caminó con Dios; ¡la Biblia dice que caminó más cerca de Dios que cualquier otro humano! Sin embargo, eso fue todo lo que pudo aguantar de DIOS. (Ver Éxodo 33: 18-23 para la historia). Dios es enorme, así que debes contentarte con eso cada vez que no entiendas, y así crecerás.

Sigue buscando, que Él seguirá mostrándote.

OPCIONAL: Estudio adicional sobre por qué Dios destruye a los enemigos de Israel.

LEER Deuteronomio 7:1-16

5. ¿Cuál es una razón por la cual Dios destruyó a los enemigos de Israel? (Ver Dt. 7:16,10)

LEER Deuteronomio 9:1-6, Deuteronomio 20:16-18

6. ¿Cuál es otra razón por la que Dios destruyó a los enemigos de Israel? (Ver Dt 9: 4-5)

DIA 4

LEER Jueces 6:11-16   Gedeón

1. ¿Para qué manda Dios llamar a Gedeón? ¿Encajó Gedeón en la descripción?

2. ¿Por qué Dios eligió a Gedeón?

LEER Jueces 6:33-40, 7:1-7

3. ¿Por qué Dios redujo el ejército?

4. ¿Le damos a Dios la gloria que Él merece?

DIA 5

LEER 1 de Reyes 16:29-33 y 1 de Reyes 17:1-7 (Biblia Latinoamericana)

1. Describir cómo Ajab hizo enojar al Señor. (Ver 1 Reyes 21: 23-26)

2. ¿Por qué Dios detuvo la lluvia? (Vea Levítico 26:1-6)

3. ¿Cuál era la condición de la tierra? (Ver 1 Reyes 17:7)

LEER 1 de Reyes 18:1-8, 1 de Reyes 18:16-18

4. Ajab culpa a Elías por la sequía. ¿Cómo Elías contrarresta esa acusación?

LEER 1 de Reyes 18:19-29

5. ¿Por qué Elías pone a sus dioses a prueba?

6. ¿Por qué se burla Elías de los profetas de Baal?

DIA 6
LEER 1 de Reyes 18:30-39

1. ¿Que ora Elias?

2. ¿Qué hizo la gente cuando se dieron cuenta de que el Dios de Abraham, Isaac y Jacob es el verdadero DIOS?

3. Comentar acerca de esta escritura y como el Señor se revela a ti.

4. Comente a cerca de la reflexión de la siguiente página.

Reflexión

En la biblia escuchamos cómo Dios consuela a Josué cuando tiene miedo. Josué se hizo cargo de los israelitas después de la muerte de Moisés y tiene miedo de dirigir al pueblo. Oye que Dios lo llama y, sin embargo, siente miedo. En el primer capítulo de Josué, Dios quiere que Josué guíe a la gente a través del río Jordán y Él promete que estará siempre con Josué de la misma forma que estuvo con Moisés. Dios le dice a Josué: "Te lo ordeno: ¡sé firme y constante! No temas ni consternado, porque el Señor, tu Dios, está contigo dondequiera que vayas."

En lugar de tener miedo, Dios quiere que Josué sea inquebrantable, inexorable en la devoción, leal en el rostro de los problemas y dificultades. El Señor es mi luz y mi salvación, ¿a quién temo? Aunque un ejército acampe contra mí, mi corazón no temerá; Aunque la guerra se levante contra mí, estaré confiado. Salmo 27: 1,3 Si mantienes esta y otras escrituras similares en la vanguardia de tu mente, llenas tu mente con fe y eliminas el espacio donde una vez residió el miedo. En Isaías 41:10, Dios promete: "Porque yo soy el Señor, tu Dios, quien toma tu mano derecha y te dice: No temas. Te ayudaré."

¿No es esto increíble? El más poderoso, el más inteligente, el que más nos ama QUIERE ayudarnos. A cambio, Dios solo quiere que confiemos completamente en él. El miedo y la confianza son opuestos. Cuando estás congelado por el miedo, no puedes permanecer en la confianza. Cuando tengas miedo, recurre a las escrituras. Escuchamos en el Salmo 34: 5 Busqué al Señor, y él me respondió y me libró de todos mis temores. Cuando te vuelves a Dios, estás avanzando en fe y debes creer que Él te librará. Él lo promete. Cuando le entregas tu temor a Dios, él te da el don de la fe a cambio. (Extractos de la enseñanza sobre el miedo)

Escrito por Julie Blaskovich

NOTAS

SEMANA DE FE 15   Fe en Jesús

⁷ Y orando, no uséis vanas repeticiones, como los gentiles, que piensan que por su palabrería serán oídos. ⁸ No os hagáis, pues, semejantes a ellos; porque vuestro Padre sabe de qué cosas tenéis necesidad, antes que vosotros le pidáis. ⁹ Vosotros, pues, oraréis así: Padre nuestro que estás en los cielos, santificado sea tu nombre. ¹⁰ Venga tu reino. Hágase tu voluntad, como en el cielo, así también en la tierra. ¹¹ El pan nuestro de cada día, dánoslo hoy. ¹² Y perdónanos nuestras deudas, como también nosotros perdonamos a nuestros deudores. ¹³ Y no nos metas en tentación, mas líbranos del mal; porque tuyo es el reino, y el poder, y la gloria, por todos los siglos. Amén.

Mateo 6:7-13 REINA- Valera 1960

DIA 1
LEER 1 Juan 5:1-12

1. ¿Quién es el unigénito de Dios?

2. ¿Qué es el amor de Dios? (Ver Evangelio de Juan 15: versículos 12 y 17)

3. ¿Qué logra nuestra fe?

4. ¿Quién conquista el mundo y cómo?

RELEER 1 Juan 5: 7-12
5. ¿Cuál fue el testimonio de Dios acerca de Jesús?

LEER Mateo 17:13 (Ver también el Evangelio de Juan 1:32-34)
6. Podemos dudar de que Dios envió a Jesús? Comentar.

DIA 2
LEER Santiago 1: 1-8
1. ¿Qué te enseña la Escritura acerca de la fe?

LEER Santiago 2: 14-26
2. ¿Cuál es la relación entre la fe y obras? Describir un ejemplo.

DIA 3
LEER Proverbios 3:1-6
1. ¿Qué nos promete Dios cuando confiamos en Él? (Ver Salmo 125: 1-2, Salmo 32: 6-10, Salmo 37: 3-6 e Isaías 26: 3-4)

DIA 4

LE Las siguientes escrituras.

1. ¿En qué cosas estamos tentados en poner nuestra confianza?

Jeremías 48:7 _____

Salmo 20:7-9 _____

Salmo 118:8-9 _____

Ezequie 16:4-16 _____

Jeremías 17:5 _____

Comente:

Descansando en él…, Jesús dice que descansemos en Él. El otro día encontré a mi madre (de 81 años) en el estudio "descansando" en su mecedora después de un largo día de trabajo que incluía: encargos, cocinar, jardinería, limpieza, etc. …Ella estaba tan cansada que pensé que solo estaba sentada leyendo. Sin embargo ella estaba haciendo mucho más que eso. Estaba descansando y leyendo un devocional, estaba "descansando en Él." Eso es lo que Jesús quiere decir cuando nos dice que descansemos en Él. Dejemos nuestras ocupaciones, nuestros encargos, nuestras preocupaciones y tomemos un descanso de nuestras vidas para no hacer nada por un momento y descansar en Él; En su consuelo, calma, paz, seguridad y amor. Cuando hacemos eso, ponemos nuestra confianza en Él y le decimos: Señor, lo dejo todo a un lado, descanso y confío en ti para hagas lo que es mejor. Solo al descansar en Él encontraremos paz verdadera y eterna.

"Vengan a mí, todos los que están cansados y cargados, y Yo los haré descansar." **Mateo 11:28** *NBLH (Nueva Biblia Latinoamericana de Hoy)*

Escrito por: Kate Johnston

DIA 5
LEER Romanos 10:8-17

1. ¿Alguna vez has confesado en voz alta, a otros, que Jesús es tu Señor?

2. ¿Cómo podemos encontrar el valor para hacerlo?

3. ¿Qué dicen estas escrituras que debemos hacer para ser salvos?

4. ¿De dónde viene la fe? (Vea también Hechos 14: 8-10)

DIA 6
LEER Juan 14: 8-14

1. ¿Cómo conocemos al Padre?

2. ¿Qué podemos hacer a través de Jesús?

¿Escuchas lo que Jesús nos está diciendo? **Juan capítulo 14: 12-14** dice: *"Amén, amén, en verdad les digo: El que crea en mí, hará las mismas obras que yo hago y, como ahora voy al Padre, las hará aún mayores. Todo lo que pidan en mi Nombre lo haré, de manera que el Padre sea glorificado en su Hijo. Y también haré lo que me pidan en mi Nombre."*

Él no dice "casi todo" o "cualquier cosa menos" ... nosotros siempre ponemos un pero ... él en cambio no mención ninguna excepción. ¿Sabes cómo nuestro Padre en el cielo recibe gloria? Él recibe la gloria de Su hijo que quiere traerle gloria aquí en la tierra. Él quiere que el mundo conozca a Su Padre. Jesús quiere que el mundo conozca, confíe y crea en Su Padre. Él quiere que todos conozcan Su bondad y amor para que ellos también puedan sentir Su amor y paz.

Él lo dice nuevamente en **Juan 15:7-8** *"mientras ustedes permanezcan en mí y mis palabras permanezcan en ustedes, pidan lo que quieran y lo conseguirán. Así es que mi Padre es glorificado cuando ustedes producen abundantes frutos y pasan a ser discípulos míos."*

¿CÓMO trae Jesús la Gloria a Su Padre? A través de nosotros. Qué privilegio ser parte de ello. CADA VEZ que pedimos, Dios tiene la oportunidad de brillar en el mundo. Dios lo ha hecho así para que estemos involucrados en su obra aquí en la tierra. Él nos incluye en lo que hace. Somos las manos y los pies de Jesús para un mundo seco y sediento.

¡Vayan, pues, por todo el mundo y proclamen la buena nueva con fe!

Comente:

NOTAS

Spirit Filled Catholic Bible Study Series

Contact us at www.spiritfilledcatholic.com

Marybeth Wuenschel
972-832-7260
mbwuenschel@gmail.com

Follow us on Facebook
Catholic Bible Study

https://www.facebook.com/catholicdevotional/

BIBLIOGRAPHY

New American Bible source – United States Conference of Catholic Bishops

http://www.usccb.org/nab/bible/index.shtml

All other Bible translations - Biblegateway

http://www.biblegateway.com

Made in the USA
Columbia, SC
22 October 2024

44886324R00074